水远山长

幽雅阅读 ⑧

水远山长

汉字清幽的意境

杨振良 著

北京大学出版社
PEKING UNIVERSITY PRESS

图书在版编目（CIP）数据

水远山长：汉字清幽的意境 / 杨振良著 . —北京：北京大学出版社，2018.8
（未名·幽雅阅读丛书）
ISBN 978-7-301-29474-1

Ⅰ.①水… Ⅱ.①杨… Ⅲ.①汉字–文化研究 Ⅳ.①H12

中国版本图书馆 CIP 数据核字(2018) 第 083671 号

书　　　名	水远山长：汉字清幽的意境 SHUIYUAN SHANCHANG
著作责任者	杨振良　著
策 划 编 辑	杨书澜
责 任 编 辑	魏冬峰
标 准 书 号	ISBN 978-7-301-29474-1
出 版 发 行	北京大学出版社
地　　　址	北京市海淀区成府路 205 号　100871
网　　　址	http://www. pup. cn　　新浪微博：@北京大学出版社
电 子 信 箱	zpup@pup.cn
电　　　话	邮购部 62752015　发行部 62750672　编辑部 62752824
印 刷 者	北京中科印刷有限公司
经 销 者	新华书店 787 毫米 ×1092 毫米　A5　8.5 印张　131 千字 2018 年 8 月第 1 版　2024 年 3 月第 4 次印刷
定　　　价	88.00 元

未经许可，不得以任何方式复制或抄袭本书之部分或全部内容。
版权所有，侵权必究
举报电话：010-62752024　电子信箱：fd@pup.pku.edu.cn
图书如有印装质量问题，请与出版部联系，电话：010-62756370

总序

幽雅阅读

北京大学副校长 吴志攀

一杯清茶、一本好书，让神情安静，寻得好心情。

躁动的时代，要寻得身心安静，真不容易；加速周转的生活，要保持一副好心情，也很难。物质生活质量比以前提高了，精神生活质量呢？不一定随物质生活提高而同步增长。住房的面积大了，人的心胸不一定开阔。

保持一个好心情，不是可用钱买到的。即便有了好心情，也难以像食品那样冷藏保鲜。每一个人都有自己高兴的方法：在北方春日温暖的阳光下，坐在山村的家门口晒晒太阳；在城里街边的咖啡店，与朋友们喝点东西，天南地北聊聊；精心选一盘江南丝竹调，用高音质音响放出美好乐曲；人人都回家的周末，小孩子在忙功课，妻子边翻报纸边看电视，我倒一杯清茶，看一本好书，享受幽雅阅读时光。

离家不远处，有一书店。店里的书的品位，比较适合学校教书者购买。现在的书，比我读大学时多多了；书的装帧，也比过去更讲究了；印书的用纸，比过去好像也白净了许多。能称得上好书者，却依然不多。一般的书，是买回家的，好书是"淘"回家的。

何谓要"淘"的好书？仁者见仁，智者见智。依我之管见，书者，拿在手上，只需读过几行，便会感到安稳，心情如平静湖面上无声滑翔的白鹭，安详自在。好书者，乃人类精神的安慰剂，好心情保健的灵丹妙药。

在笔者案头上，有一本《水远山长：汉字清幽的意境》，称得上好书。它是"幽雅阅读"丛书中的一本，作者是台湾文人杨振良。杨先生祖籍广东平远，2004年猴年是他48岁的本命年。台湾没有经过大陆的"文革"，中国传统文化在杨先生这一代人知识与经验的积累中一直传承下来，没有中断，不需接续。

台湾东海岸的花莲，多年前我曾到访过那里：青山绿水，花香鸟鸣。作者在如此幽静的大自然中写作，中国文字的诗之意境，词之意趣，便融入如画的自然中去了。初读这本书的简体字书稿，意绪不觉随着文字，被带到山幽水静之中。

策划这套书的杨书澜女士邀我作序，对我来说是一个机缘，步入这套精美的丛书之中，享受作者们用情感文字搭建的"幽雅阅读"想象空间。这套书包括中国的瓷器、书法、国画、建筑、园林、家具、服饰、乐器等多种，每种书都传达出独特的安逸氛围。但整套书之间，却相互融合。通览下来，如江河流水，汇集于中国古代艺术的大海。

笔者不是中国艺术方面的专家，更不具东方美学专长，只是这类书籍不可救药的一位痴心读者。这类好书对于我，如鱼与水，鸟与林，树与土，云与天。在生活中，我如果离开东方艺术读物，便会感到窒息。

中国传统艺术中的诗、书、画、房、园林、服饰、家具，小如"核舟"之精微，细如纸张般的景德镇薄胎瓷，久远如敦煌经卷上唐墨的光泽，幽静如杭州杨公堤畔刘庄竹林中的读书楼，一切都充满着神秘与含蓄之美。

几千年来古人留下的文化，使中国人有深刻的悟性，有独特的表达，看问题有特别的视角，有不同于西方人的简约。中国人有东方的人文精神，有自己的艺术抽象，有自己的文明源流，也有和谐的生活方式。西方人虽然在自然科学领域，在明清时代超过了中国。但是,他们在工业社会和后现代化社会,依然不能离开宗教而获得精神的安慰。中国人从古至今,不依靠宗教而在文化艺术中获得精神安慰和灵魂升华。通过这些可物化可视觉的幽雅文化,并将它们融入日常生活,这是中国文化的艺术魅力。

难道不是这样吗?看看这套书中介绍的中国家具,既可以使用,又可以作为观赏艺术,其中还有东西南北的民间故事。明代家具已成文物,不仅历史长,而且工艺造型独特。今天的仿制品,虽几可乱真,但在行家眼里,依然无法超越古代匠人的手艺。现代的人是用手做的,古代的人是用心做的。当今高档商品房小区,造出了假山和溪水,让居民在窗口或阳台上感受到"小桥流水人家",但是,远在历史中的诗情画意是用精神感悟出来的意境,都市里的人难以重见。

现代中国人的服饰水平,有时也会超过巴黎。但是,超过了又怎样呢?日本人的服装设计据说已赶上法国,韩国人超过了意大利。但是,中国服装特有的和谐,内在的韵律,飘逸的衣袖,恬静的配色,难以用评论家的语言来解释,只能够"花欲解语还多事,石不能言最可人"。

在实现现代化的进程中,我们千万不要忽视了自己的文化。年近花甲的韩国友人对笔者说,他解释中国的文化是"所有该有的东西都有的文化",美国文化是"一些该有的东西却没有的文化"。笔者联想到这套"幽雅阅读"丛书,不就是对中国千年文化遗产的一种传播吗?感谢作者,也感谢编辑,更感谢留给我们丰富文化的祖先。

阅读好书,可以给你我一片幽雅安静的天地,还可以给你我一个好心情。

2004年12月8日于北大蓝旗营

目录

横看成岭侧成峰	——说山	1
菱花照面浅匀眉	——说眉	8
水能性淡为吾友	——说水	14
明眸流盼横波来	——说眼	22
不畏浮云遮望眼	——说云	28
亭亭净植水云乡	——说莲	35
石不能言最可人	——说石	42
百草山中第一香	——说兰	48
野渡无人舟自横	——说舟	55
三更有梦书当枕	——说枕	62
春风又绿江南岸	——说风	68
湘江竹上知何限	——说竹	76
朱雀桥边野草花	——说花	82

纷纷巧剪鹅毛细	——说雪	*91*
数点梅花天地心	——说梅	*98*
千里怀人月在峰	——说月	*104*
一盏寒泉荐秋菊	——说菊	*111*
映阶碧草自春色	——说草	*115*
千条万缕送行色	——说柳	*121*
十年一觉扬州梦	——说梦	*128*
江湖夜雨十年灯	——说灯	*133*
一曲瑶琴清雅韵	——说琴	*140*
万金宝剑藏秋水	——说剑	*146*
传灯续火不寒食	——说火	*151*
照见万象知古今	——说镜	*158*
含情疏雨有声诗	——说雨	*169*
待得鹊桥年年渡	——说桥	*174*
梨花一枝春带雨	——说泪	*180*
痴情只可酬知己	——说痴	*187*
白头惟有赤心存	——说心	*195*
镜泉流作万重滩	——说泉	*200*
绮窗寒梅著花未	——说窗	*205*
器宇轩昂在须眉	——说须	*211*

眼如秋水鬓如云　——说发　218

宜春髻子怡凭阑　——说髻　226

附录　活着难免有伤口　230

　　　忍激向前　233

　　　批　评　236

　　　势　与　福　239

　　　气味相投　243

　　　人生数秒　248

　　　小材大用　252

　　　潜　龙　255

"幽雅阅读"丛书策划人语　258

横看成岭侧成峰

——说山

"仁者乐山,智者乐水"是句耳熟能详的俗语。古人之可如此事理交融,或许是感触于水之流动清澄,一如人生智慧之必须时时常保清新,而山的稳重落实则呈示了人格操守的坚定不移。

游山玩水中的体悟,往往就是一个人对生命的表示。宋仁宗元丰五年十月里的一个夜晚。在赤壁泛舟遨游的东坡,写下了"山高月小,水落石出"的佳句,江流有声,断岸千尺,也使我们蓦然发现,原来他对这眼前空间的知觉感受,竟如此飘逸平淡。

清·王翚《夏木垂阴图》

水远山长

唐·李昭道 《明皇幸蜀图》

与他同时的王荆公则不然。荆公将天下山水区别为二类：一是"夷以近"，一则"险以远"，于《游褒禅山记》一文中尝云："世之奇伟瑰怪非常之观，常在于险远，而人之所罕至焉，故非有志者不能至也。"贬谪之人与变法人物以心接物的趣味气概，截然两橛！虽然，东坡未尝不欣赏荆公内心的丘壑，然而他触景皆春、物我相化的意境，和荆公相比，也仅是遗世人物罢了。

山在中国文学作品当中，是一个极为普遍的素材，看山可使人心胸豁达，也往往使人情寄其中，不同的山，在瞬息万变的阴阳造化里，也呈现不同的风格，或瑰奇、或奔放，万千的气象将为心灵造成不一的震撼与融合，而诗人便也从其中蜕化出一种艺术性格，开凿出自己对人间世相的感发探寻。湖北襄阳古隆中，诸葛亮故居寓处有一副对联，其上联云："沧海日，赤城霞，峨眉雪，巫峡云，洞庭月，彭蠡烟，潇湘雨，广陵涛，庐山瀑布，是宇宙奇观，绘吾斋壁。"寄寓了人类在追求荣华富贵之后一种必要的寻索，由是，崇山峻岭便成为捕捉灵光意趣不可或缺的途径，而许多知识分子就凭借于此，表现他们无止无尽的精神追寻。

因此，兰亭修禊的崇山峻岭，足以畅叙幽情；渊明的南山则纯属自我。王摩诘可由寂寂空山烘托幽静，柳宗元则使千山之下的渔翁卓立千载。"古木无人径，深山何处钟"，将我们带入一个荒凉的古老世界，而"两山排闼送青来"，顿时又给我们鲜明悦目的色彩感受。一年四季，山更呈现不同形态，有其四时之色，所谓"春山艳冶而如笑，夏山苍翠而如滴，秋山明净而如洗，冬山惨淡而如睡"，无不可爱。

"我见青山多妩媚，料青山见我应如是。"这是辛弃疾陶醉于水声山色的句子，也看出这位民族诗人栖栖遑遑的一生之中偶有宽心怀想的吉光片羽。或有人从孤崛的奇峰领略人生挺拔勇往的意义:"青山尚且直如弦,人生孤立何伤焉?"袁枚可由山形奇崛反映一己对人生的心情。原来,许多成功的人,当他们活着的时候超越凡俗,而死后也终能在历史上闪耀着光芒,其原因就在于他们曾是人间真正的佼佼者!

"横看成岭侧成峰,远近高低各不同,不识庐山真面目,只缘身在此山中。"如果,你曾与山为伍,山居一日,会给你一种出尘之想。不执著也不凝滞。中国山水中最美当属黄山,没有一个成功的画家是舍黄山而传千古的,也没有任何不曾上过黄山的人可以成为画家!如果,误解中国的山水画只是凭空捏造,那正是由于他不明白中国画家体现自然的精神:狮子峰、鲫鱼背、莲花峰、仙女弹琴、丞相观棋⋯⋯千姿百态的黄山,鬼斧神工的一幕幕,不知震撼了多少人的心灵,也不知沸腾了多少人的血液!

山,是一个象形字。中国人心目中的山,可以幻变为无数抽象意念,也能够承载不尽的寄托。"杳杳天底鹘没处,青山一发是中原。"这是东坡心头一种解不开的惆怅;而在对景久观之下,也能产生像李白"众鸟高飞尽,孤云独去闲,相看两不厌,惟有敬亭山"这种妙极机趣的境地。虽然,中国人也把人生比喻成登山,但这与西方人把山看成人我对立并予以征服的心态是截然不同的。

北宋·范宽 《溪山行旅图》

水远山长

金·武元直《赤壁图》

　　山回路转，如果你要赏山，该走进山的世界里去！虽然别人寻不到云深处的你，可是你却是真正身在此山。"欲买溪山不用钱，倦来高枕自云边。"你可学柳宗元在《始得西山宴游记》中游山玩水的方式，独自一人坐在峰顶，悄怆幽邃，形释心凝，与万化冥合。山是稳重的，所以我们说："死有重于泰山，轻于鸿毛。"也有人说："置天下于泰山之安。"如何将稳重如许的山，一变为我们的心境个性？"江流天地外，山色有无中"，答案在你是否追寻闲远而已！

菱花照面浅匀眉

——说眉

"敞无威仪,为妇画眉,有司以奏。上问之,敞曰:'臣闻闺房之私,有甚于画眉者。'"(《汉书·张敞传》)

尧眉八彩、张敞"画眉之乐",均是为人所熟知有关眉毛的故事。汉代才女卓文君面目姣好,眉色望如远山,以致时人效画,蔚成风尚。据说赵飞燕之妹合德"为薄眉,号远山黛",所画便是这种淡妆眉色。黛是一种青黑色的颜料,古代女子在剃去本眉之后,再随意勾出自己喜爱的眉形,谓之黛眉,有蛾眉、八字眉、柳叶眉、远山眉、翠鬐眉……的不同,但由于黛的价格昂贵,一般妇女也有用墨来替代画眉的。晋代著名文学家左思

(传)唐·周昉 《簪花仕女图》(局部)

菱花照面浅匀眉

的小女儿纨素，画眉技术不佳，以致"明朝弄梳台，黛眉类扫迹"(《娇女诗》)，而诗圣杜甫的稚女也"移时施朱铅，狼籍画眉阔"(《北征》)，可见画眉诚非易事。

但是，画眉是一种风尚，并不代表一个人的内涵，最能表现人性本质的，仍是天生的眉形。一般说来：眉长的人性情温和，待人亲切；眉短的人则较为激烈。相法上说眉长清秀乃聪明之相，眉短逆乱则是顽愚，其中不无道理。当然，这只是就一般而言，许多规律取决于归纳所得的结论，如：脚踏实地的"薄眉"、自我中心的"一字眉"、勇于决行的"八字眉"、富于胆识的"剑眉"，莫不是就表相论断，而最能表现这一点的戏剧脸谱，便是借着色彩和眉形来区分角色忠奸和刻画人物内心性格的。

例如柳叶眉是扮演太监的刘瑾、梁九公以及一般文人所勾的。这种眉如果略有弯曲，通常便含有贬低人物的意味；武将则不然，反而有褒的意义。其实一般性格较直的人，多勾上宽、下窄的直眉，例如马谡、关胜就是。而戴白须的老人，便勾两旁长而下垂的搭拉眉（老眉），一见便可分辨出人物的身份。至于心怀城府的人物，如赵匡胤、魏奇，是勾一眉尖向上，一眉尖向下的"凝眉"，表示他心中极有心机；罗四虎性情残暴，勾有"奸眉"；张飞、李逵勇猛，故勾"蝙蝠眉"。财神勾"鸭蛋眉"，鬼怪勾"吊死鬼眉"……都是表现性格方面的。

眉也能够传达心情，像"眉飞色舞""眉目传情""喜溢眉梢""愁眉不展"皆是，古人诗词亦喜用之抒怀，元稹的"惟将终夜长开眼，报答平生未展眉"和李清照的"愁眉翠敛春烟薄"在这一层而言，均深刻有意，而唐人秦韬玉的《贫女》诗更借着"敢将十指夸针巧，不把双眉斗画长"来怜惜贫士不遇与传达曲高和寡的孤愤，给予的启示则是更为深刻了！

眉，是一个合体象形字。《说文》眉部说："目上毛也。从目象眉之形，上象额理也。"其实，眉字上面的偏旁，就是眉形，"目"只是告诉人们，这个字是"目"上毛罢了。

像金文里的眉就写作"䁯"，一目了然。眉是长寿的象征，故有"以介眉寿"之语。眉也是表现精神的，故"眉清目秀"用来形容一个人相貌秀气，五官端正，焕发一股脱俗气质。

此外，眉也与道家阴阳五行扯上关系，所谓心（火）、肝（木）、脾（土）、肺（金）、肾（水）为内五行；口（火）、目（木）、鼻（土）、眉（金）、耳（水）为外五行。眉即属金，专司寿元，内通于肺金，因此眉毛只要显出异色，肺与膀胱一定有疾病。譬如眉色焦红，肺火燥热；眉色带青，则肺有风寒郁积。必须对症下药，才可"扬眉吐气"。而五行之间也是彼

南宋·刘松年 《罗汉图》

此相克的，譬如眉（金）克目（木），故愁眉不展，眼花纠缪，但眉若开展，则眼亦明朗，所以"眉开眼笑"！像这样的诠释，的确让人会心莞尔，可以提供我们对成语解释另一种新的体认！

水能性淡为吾友

——说水

有人说，淡泊并不是无情，而是心灵上的无限安静。这种意境，曾有人追求过，却是一辈子也未悟得，因为追求的本身就不属于淡泊。

所谓"淡泊"，是在一个熙来攘往无尽纷扰的世俗中，仍有生命上一种澄明空灵的意境，不致迷失在浮沉的感慨里。然而，许多人只对种种世间法相"透入"却不曾"透出"，不知清澈空白亦是一种美，澄澈如水方为生命纯度的表现，而要"心如止水"才能够上通形上宇宙的和谐广大。

老子以水来象征人世承担卑下与淡泊的意义。所谓"上善

南宋·马远《十二水图》（局部）

若水，水善利万物而不争，处众人之所恶，故几于道"。上善即是"以贵下贱"，像水一般澄静淡泊，居于卑下，就是更近于圆满，在世俗里随物赋形，和而不同，是水的特性，虽然它的形状永远受到容器的支配，然而永保赤子的精神，却给予人无尽启发。

假如，人生的前半是火，那正告诉我们：年轻的心灵往往太

水远山长

明·倪端《捕鱼图》（局部）

过追求，沉溺在物欲人事之中迷失自我，不知节制乃至蕴积空虚。其实，荣耀反面即是虚幻，一个人至此仍不知绚烂归于平淡，不解"细水长流"才是下半辈子应有的养生哲学，那便是他不曾真正知道水的淡泊特性！

而且，自古以来，"才、位、时、命"一直是构成读书人际遇的四个必要条件，但是，有人却不愿拔擢。《高士传》记载尧让天下于许由，由便不受而逃去，后来遁耕颍水之阳、箕山之下，尧复召为九州长，由不欲闻，故洗耳于颍水。当时巢父牵犊饮水，见而怪之，既知，遂以水污犊口，牵于上游饮之。这种清高逸远，可看出他对功名泥涂轩冕的心志了。

水也代表着一去不返的时光："滚滚长江东逝水，浪花淘尽英雄，是非成败转头空，青山依旧在，几度夕阳红。 白发渔樵江渚上，惯看秋月春风，一壶浊酒喜相逢，古今多少事，都付笑谈中。"《三国演义》的这一段书中诗明示时光就是一条奔逝不返的川流，再也不可能回头，所以孔子才有那句"逝者如斯夫，不舍昼夜"的感叹！的确，流水便是无情，即因此，无情也带来了愁，李白曾有"抽刀断水水更流，举杯浇愁愁更愁"的名句；而李后主更以水比愁，将一腔悲愤化作东流春水。

然则，水亦能怡情养性。徜徉山巅水湄，山水往往能够洗净人的尘心机栝，使精神思想有一种向上升华的意境，王维《终

元·卫九鼎 《洛神图》（局部）

南别业》里"行到水穷处，坐看云起时"，透露一种独往自知的闲逸；而杜甫《江亭》："水流心不竞，云在意俱迟。"则涵泳于大自然的世界里，不沾滞一点世俗尘埃！"仁者乐山、智者乐水。"丘山溪壑展现的不仅是山光水色，而且也使人融入永恒，摆脱俗事压逼。不论仁厚的人像山，抑或聪明的人像水，他们总是在自然中吸吮灵感，由浏览欣赏走至天人相荡的意外之境去，最后，则静定于光风霁月的和谐宇宙，"是非不由，而照之于天"了。

水也能调和色彩，无色的水使溶化后的色彩不断扩散，使得原本空白的六合成为辽阔无垠的美丽画面。似乎，这个天地只要缺乏了水，便就缺乏盎然生机，也不再会有种种创生循环，原来，水就是天地间点化动静，最富流转的一股力量！

水是一个象形字，在《说文》之中，指的是众水进流。生命只要流动，便是永恒，朱熹诗云："半亩方塘一鉴开，天光云影共徘徊，问渠哪得清如许，为有源头活水来。"源头活水就是永不干涸，在思想上有开合自如之致，且能天纵骋才而清澈如鉴，宇宙万象悠然在我们心中呈现，活阔地敲起共鸣。

水是清凉的，因此有"天阶夜色凉如水，坐看牵牛织女星"之句；平静的，是有"波澜誓不起，妾心古井水"之言；柔顺的，故而《红楼梦》中说女孩是水做的。水更是多姿多彩，戏

明·程嘉燧《山水图》(第四幅)

水远山长

剧里"水袖"的表现姿态便是反复生韵，飘举动人；而昆曲唱腔流丽悠远，即以"水磨腔"称之。由此，可见"水"的宽泛多义，无怪乎它会触发人们不尽灵思，传达丰富充沛的情感！

最后要说到戏曲中的水，在昆曲《烂柯山》里有一出"泼水"，叙述汉代朱买臣休妻、马前泼水的故事。人似乎还该执著旧有，不宜以眼前势力判定未来，"覆水难收"在这一层寓意而言，该是深刻有意的。

明眸流盼横波来

——说眼

黑白分明、灵活流转的眼最能显示人的精神智慧，也最能显示一个人的美。正是在这种审美角度的要求下，文学作品要入木三分、深透纸背，便要拈出其间慧眼。

且看刘鹗在《明湖居听书》中形容王小玉的一段文字："那双眼睛，如秋水，如寒星，如宝珠，如白水银里头养着两丸黑水银。左右一顾一看，连那坐在远远墙角子里的人，都觉得王小玉看见我了……"

这是段沁人心脾的描写。的确，慧黠、灵巧的女孩，除了给予人一种脱俗的气质外，也会有双充满灵性的眼。回眸一笑，或

明·唐寅《嫦娥图》(局部)

述幽情，或传神采，当然不是仅表现短暂间的纤柔妩媚，而是透过晶莹的目光，传达那细致芳馥、充沛真实的情怀。庸姿俗粉，固不可与之同日而语。

　　人的眼睛，流露的正是心灵深处汩汩不断的跃动，孟子曾经说过："存乎人者，莫良于眸子，眸子不能掩其恶。胸中正，则眸子了焉；胸中不正，则眸子眊焉。听其言也，观其眸子，人焉廋哉？"察言观色，不难判断这目光所呈现的人生真相。而相法中也以眼色作为判别善恶的依据："眼光灼灼有光，主性急有急智；上三角眼工于心计，利益相冲突则忘恩；三角黄珠，手

明眸流盼横波来

水远山长

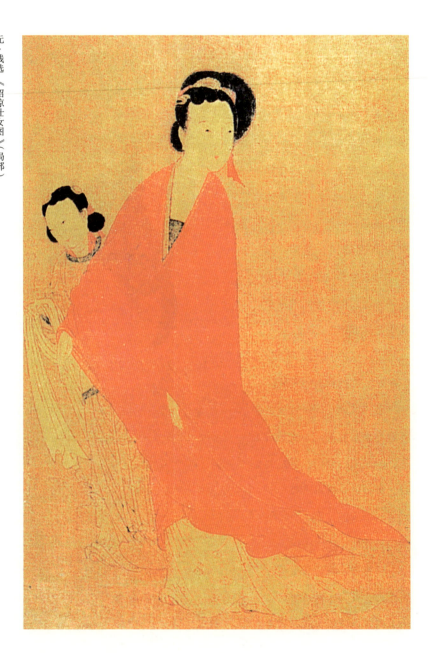

元·钱选 《招凉仕女图》(局部)

南宋·马远 《仙岩坐月图》(局部)

明眸流盼横波来

腕必高，毒辣害人……"人像之难画，难于"传神"，晋人顾恺之尝云："四体妍蚩，原不关妙处，传神写照，正在阿堵之中。"（阿堵为当时俗语，意即"这个"，此处即是指眼睛），传神关键，便在眼睛的描绘是否把握形神！

眼，是一个形声字，《说文》排列次序于"目"字之后，彼此互训。凡从目者皆与眼睛有关，如眦是目眶，盼是黑白分明，瞏是大目，瞥是过目倏忽之意……还有一个字作"瞟"，是眼瞳仁的意思，民间传说，认为眼中若为重瞳，必定有一番作为，可为人间豪俊，历史上的舜、颜回、项羽、王

唐·《仕女残绢图》

莽、吕光、李煜、沈约、鱼俱、罗萧、友孔，据说都有这样的瞳子，而近代人物方面，革命先行者孙中山先生，也是重瞳子。

此外，历史上也有关于眼睛的故事，例如商纣宠妃妲己善施狐媚，国亡被俘，杀她的士兵只要一见她的眼神，立即目乱神迷，下不了手，只好由姜子牙作法除去她；明末秦淮河畔"金陵八艳"之一的顾媚，以眉如春山、眼如秋水，其之所媚在眼，故自号横波，南明诸公子为她颠倒，拜在石榴裙下之人不知多少。有人则取《西厢记》中"怎当他临去秋波那一转"为题灯谜，射古书名——《离骚》，真是余味不尽。

最值得一提的，该是晋代那个好酒任性、放达不羁的阮籍（字嗣宗）了，傲然独得的阮嗣宗，见礼俗之士，辄对白眼，《晋书》记载他能为青白眼臧否人物，这种对传统礼教的揶揄，该是最特殊不过的方式了。

不畏浮云遮望眼

——说云

大自然是艺术最伟大的宗匠,没有任何一幅画会比自然界更丰富,即使它出自大师手笔。

云是可欣赏的。对某些人而言,云有时还特别美,也特别浪漫:"纤云弄巧,飞星传恨。"这是一个初秋七月的夜晚,纤纤柔柔的云,像极了织出的锦缎,于是,云被谱成了牛郎织女相誓相爱的恋曲,也很自然地与织女的巧联在一起,带给了人间不尽追怀的一段故事……

除了天上的云,就数山中的云了。彳亍在山阴道上,时有厚厚的云块其间来往,云光、山翠又会恍恍惚惚朦朦胧胧迷迷茫茫微微显现。云很有个性，不受任何环境约束，高兴来就来，要走就走，奔驰随心，静谧任意，世上还有什么能比独立自主的美更美丽呢？因此，独立便触发了画者的灵感，一抹抹的朝画面上写去，一霎时，风驰云涌。叠然竞起，不尽的气韵转运其间，跃跃的生动现于纸上，甚至潮湿的水分还弥漫袭人。其实，云气还真的会沾湿游山者的衣袂，唐朝的书法家张旭就在面对氤氲山岚的时候，吐露出"纵使晴明无雨色，入云深处亦沾衣"的欢喜叹赏，而云也就因此寓托一种飘忽的神秘之感了。

说到神秘，自古以来最美、最神秘的云，当数巫山之云，和那个日为朝云、暮为行雨的神女。《高唐赋》的作者，很巧妙地拈出这个天地中的特殊意味境界，用了如是一个美丽的故事，透露人生世相偶然幻化的现象，也告诉我们世间之美稍纵即逝，非苦求即得的道理。但是，这个故事显现的完美，却成为许多人神游探索的对象，在面对一片自然的观照里，也不禁出现白居易"花非花，雾非雾，夜半来，天明去，来如春梦不多时，去似朝云无觅处"的这种感叹了。而巫山的云也的确成为中国文学里不能缺少的题材，许多扬州梦醒的才子，犹痴心于昔日恩爱，说出了："曾经沧海难为水，除却巫山不是云！"是的，如果你见过飘在巫山峰顶的云，那么，天下的云就可不必再看了。一个人本来就该坚持自己的执著，如果，你曾真正地爱过，纵

使非常短暂,也该永远珍惜这段回忆,深深收藏于内心灵府。

"浮云笑此生",因为云是到处飘浮的,游子际遇一如浮云,当然感触特别深刻。而云也变幻莫测,所谓"天上浮云如白衣,斯须变幻为苍狗"。白云苍狗就是比喻世间种种情况的变幻莫测。由变幻莫测的情形,似乎也启示我们:美并没有一个标准,而端在你如何去欣赏、联想,触物为情地交融其中。但是面对大自然,人的力量实在微乎其微,也只能对"天有不测风云"浩叹无奈了。

云是无法捕捉的,所以"富贵于我如浮云"就是将富贵视为过眼云烟,丝毫不存占有之念。可是,如果有人神通广大,能

《图眷》（局部）

做到他人无法完成的事情，我们就称他有"拿云手"或"翻云覆雨手"了！

云是充满动感的，奔腾流动的云，那股气势令人震惊，如果你见过云海，就能解释为什么上苍是第一流的画家，尤其是朝阳与夕落，所渲染出变化无穷的色彩简直令人叹为观止。昆曲《牡丹亭》"惊梦"一出，不就有"朝飞暮卷，云霞翠轩"赏心乐事、美丽非凡的佳句，可供人一探文学意境么！

云是一个转注字，在《说文》当中指的是山中水气蒸发成云的样子。这些山中形成的浓云是会遮蔽一切的，当年，在贬谪潮州的路上，韩昌黎就在秦岭被白云阻了去路，感慨写下"云

水远山长

明·徐贲《卧云室》

明·唐寅《暮春林壑图》

宋·米友仁《云山小幅》

不畏浮云遮望眼

横秦岭家何在？雪拥蓝关马不前"莫可如何的愁绪。而在我们的人生当中，像这般迷失方位寻不着入途门径的事正复不少："一片白云横谷口，几多归鸟尽迷巢。"生命里，我们往往只见到了表象，或眩惑于无限复杂的理论学说、迷信专家万能、崇拜偶像、追逐名利，殊不知这正是进步最大的蔽障，以致我们终身大惑不解，永远成为他人学说思想的俘虏，不得翻身。

  那么，真正的世界在何处呢？那白云所阻的山谷之内仍是你的归宿，如果你畏惧眼前波诡烟谲的云会遮去你的视野，那就超越它吧！让世间所有的云都在你的脚下，就无所谓迷失不迷失了。宋代王荆公的那两句诗最能诠释这种境界："不畏浮云遮望眼，只缘身在最高层。"一个人可以成就如此的气象胸怀，震撼激射，使千载以下的我们仍能强烈感受他的气势磅礴，直接成为个人生命中矢志追求的意境，绝不是偶然的，而这种精神、做法，才能使我们在人生的战场上拥有胜算，"海阔天高气象，珠圆玉润胸怀"，去开创一片新天地！

亭亭净植水云乡

—— 说莲

"江南可采莲,莲叶何田田。"乐府诗中采莲的佳句,早已脍炙人口。莲花盛开在农历六月,采莲在秋,赏莲在夏,当沉浊的污泥卓生了一朵不沾尘土的青梗白莲,孕育含滋这朵白莲的生命历程,已为我们揭示了一种人间难觅的崇高情愫。

莲即荷花,又名芙蕖、泽芝、水华、菡萏、芰荷、芙蓉。《诗经》:"隰有荷华""有蒲与荷"。《楚辞》:"制芰荷以为衣兮,集芙蓉以为裳。"千古以来,莲一直深植在人们的生活之中,享尽墨客骚人的歌颂,因为她冰肌清骨,情态翛然,《洛神赋》形容甄后之美,便云:"远而望之,皎若太阳升朝霞;迫而

清·八大山人《荷花图》

察之,灼若芙蓉出绿波。"

民间传说,莲是有灵之物。《聊斋》里的"荷花三娘子"叙述莲精与宗湘若相爱共居,后来化飞而去。又佛教传着这样一个故事:平阳县灵鹫寺的和尚妙智,养了一只猫,每次他念经时猫就蹲在一旁静听。后来猫死了,和尚将它埋在院中,不久葬它的地方长出一枝莲花,人们把地掘开,发现这朵莲花竟然是从

亭亭净植水云乡

猫的口中长出来的。因此佛教常见与莲有关的事物,如莲座、莲池、莲经;举凡佛教建筑,如柱子、藻井、砖、塔、门,莲花图案运用极为普遍。佛典往往以莲花喻道,以为极乐世界,众生皆是莲花化身,《杂阿含经》与《除盖障所问经》都有莲花作譬喻的例子,从这点来看,莲也象征崇高神圣的意义。

南齐东昏侯宠爱潘贵妃,曾经以黄金制成莲花朵朵,令潘行走其上,谓之"步步生莲花",此后人们便把女子的纤足称为"金莲",行走称为"轻移莲步",戏剧中的旦角往往有这种步法。而莲亦音谐"怜"字,古乐府中的描写时有寓意双关,多系儿女情长,而最是流传千古的,当数金圣叹行刑前的"莲子心中苦,梨儿腹内酸"了。

莲是一个形声字,根据《说文》和《尔雅》的解释,本来是和"荷"字有别的(莲是芙蕖实、荷是叶、藕是根),但今日已彼此相混了。历史上,明代的徐渭是画荷能手,传世之作《杂花图卷》中的莲,挥毫表现,墨趣淋漓;八大山人、石涛、齐白石、吴昌硕也有画荷作品流传。如齐老的《荷花影图》《荷花蜻蜓图》,吴昌硕以篆、隶运笔入画,皆独出心裁,别具丰致。

莲的品种有建莲、石莲、大风莲等,台湾省中兴新村入口公路旁、台北市植物园、台南白河镇的莲潭里是几个较著名的种植处所。此外还有一种"睡莲",叶缘呈锯齿状,浮于水面,不

元·张中《枯荷鸂鶒》

亭亭净植水云乡

宋《翠羽秋荷》（缂丝）

长莲子莲藕，纯为观赏，花瓣白天放，晚上合，也有晚上才开放的，《岭南杂记》称之为瑞莲花，也有人称午时莲，近年国内引进了不少，如非洲睡莲、香睡莲、黄花睡莲均是。

最后，要谈到莲的食用价值。莲藕滋肺润喉，甜中带脆，可制成藕粉，能生吃也能煮食；荷叶包饭、排骨，是有名的佳肴；而莲子银耳更能清凉消火，过去，南京玄武湖畔一到了下午三四点钟，挑担子卖"煮藕"的小贩沿岸叫卖，锅子里炖着玄武湖出的嫩藕莲子，用糯米、冰糖调制，既香又稠，令人难忘！

石不能言最可人

——说石

上古炎帝有个小女儿,名唤女娃,出游时失足溺死东海,死有余恨,于是精魂化作一只文首、白喙、赤足的"精卫鸟"。精卫鸟不甘大海夺去宝贵的生命,发誓"常衔西山之木石,以堙于东海",因此人们又唤她"誓鸟"。然而,木石是如此细微,大海浩瀚,几生几世以来,渺渺茫茫的大海也未被填平,精卫真是不自量力,但她这段奋斗历程却给我们无尽的悲壮与"情到痴时方始真"的启示。而那从空中落入大海的碎石,细看来不是碎石,粒粒皆是女娲坚定的意志与血泪。

中国神话里有则《女娲补天》的故事。当时共工与黑帝颛

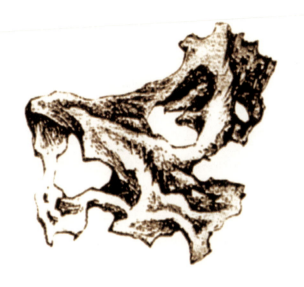

项发生战争，结果共工失败，愤怒的共工用头把支撑天地的柱子撞倒，天倾西北，地不满东南，四极废，九州裂，火燄焱而不灭，水浩洋而不息，百姓陷于水火的苦难当中，于是女娲炼五色石以补苍天，人民才得安居乐业。

无独有偶，却说女娲氏炼石补天之际，剩下一块顽石未用，弃在青埂峰下，这块石头自锻炼之后，灵性已通，既无才补天，于是幻形入世，遍历情关幻缘，引出贾宝玉与林黛玉的一段千古悲剧，故事以一石始，末尾又安排这石重返青埂峰下，去来仙境凡尘，悟道返真，这块顽石也该算是一块奇石了。

谈到奇石，中国还有一则《顽石点头》的神话，晋朝有一位名叫竺道生的人，对于佛教颇有精湛研究。一天，他独自来到虎丘的深山里，聚石为徒，朝夕不厌其烦地对石头讲起了涅槃经，奇怪的是，这些原无生命迹象的石头，一个个都对他的讲授点起头来，这就是所谓"生公说法，顽石点头"的典故，而现在苏州也仍有虎丘顽石点头的遗迹。虽然，神话是无稽的，然而却很清楚地说明了一个道理：只要在耐心的教育中加入感化的至情，就连冥顽的木石也会变得有感情的。

所以，"明月松间照，清泉石上流"是诗佛王维为冷冰冰的石头所赋予的生命，波光晃漾的泉水由这石流到那石，似为石头们披上了一件沁凉的浴衣，岩间石隙溅起的水花，会打潮两旁的沟壁，变得滑滑腻腻的，这汩汩清泉，成为大地的一条蜿蜒血脉，润养了寂寂枯石，刘梦得的"苔痕上阶绿"，用青青绿绿的苔痕抹在方方正正的石阶上，在他专注于超感官的诗书境界时，那青青绿绿的线条仍绵延不断地在石上扩散，与他不窥园林的执著相互辉映着。于是，石头起了一个转变，不再是使人神经紧绷的苍白冰冷，而是和平宁静，与安安闲闲的环境相协调，更蕴藏不尽生意与涤尽尘俗的一股幽然。

而令人怦然意动的石头也是有的，奇岩巉刻的山石会带出一种肃然，情绪随着参差不齐的造型亦涨亦退；镂刻精美的石砚，

明·郑重《一指华严》

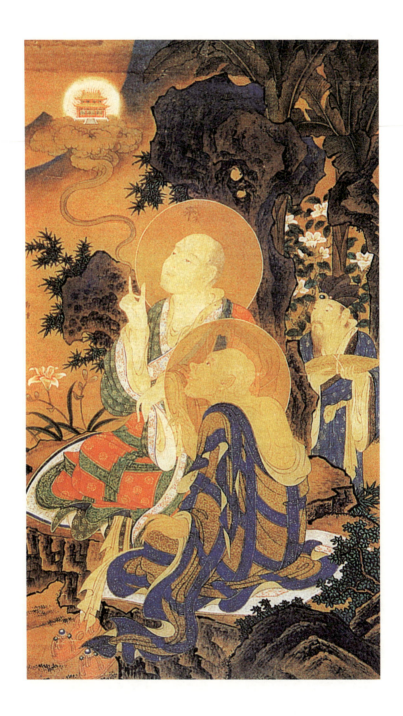

石不能言最可人

明·陈洪绶 《缥香》（局部）

会诱人追访文明的足迹与墨趣的陶溶。也许，还有一尊尊庄严的雕像，龙飞蛇走的断碑，可使我们踏着祖先刻下的纹路，去开示中华文化精致完美与眩目的奇景。

　　不尽的民间传说也美化了许多原本无名的石头："亭亭碧山椒，依约凝黛立……坚诚不磨灭，化作山头石。"望夫石的背后，总隐藏着妻子宽容牺牲与坚忍的定力，也表现了人间之爱耀眼的光辉："妾身为石良不惜，君心为石那可得！"可是，此身纵使化为望夫石，丈夫的良心是否变作石头却不可预知，从这里又能见出爱情的历程总在期盼与失落之间寻求一个可能！

"三生石上旧精魂……此身虽异性长存。"圆泽与李源善十三年后的相见，说明人间因缘全是前生所定。"林暗草惊风，将军夜引弓，平明寻白羽，没在石棱中。"李广不经意的一箭，会射穿坚硬的石头，在历史和他个人的生命史中，都是空前绝后的。相传，以书画独领宋代风骚的米襄阳更有着朝冠朝服，参拜奇丑巨石，呼石为兄的一段趣事，这也能看出一个艺术家至情至性与执著中的那份可爱了。

石是一个合体象形字。由于它有坚硬不变的特性，所以人们往往将伟大的功勋记载镂刻下来，因此便有"勒之金石"的说法。

"偶来松树下，高枕石头眠，山中无历日，寒尽不知年。"一块不赋予情感与寄托的石，终究就只是一块石头而已，一块璞是必须经由琢磨才能现之于世的，可是它仍是那么沉默的不说一句恳求与巴结的话，这就是石头最可贵的地方。"花若解语还多事，石不能言最可人。"清清淡淡的庄严，总比喋喋不休的虚浮，予人在感觉上比较踏实些！

百草山中第一香

——说兰

兰为王者香,在花卉中,她是一个圣洁的秀者。

兰是远离尘俗的,《群芳谱》载:"兰,幽香清远,馥郁袭衣,弥旬不歇,常开于春初,虽冰霜之后,高深自如,故江南以兰为香祖。"曹丕的《与杨德祖书》云:"兰茞荪蕙之芳,众人所好。"即因如此,她的清香淑质,被人喻为具有道德骨气的君子,《孔子家语》说:"与善人居,如入芝兰之室,久而不闻其香,即与之化矣。"于是她予人的感觉超越了表面的造型,而使人更接近她的深刻内面和高度情操,所以久而自芳,即与之化。

学画之人,每以画兰为画法初步,画者往往在描摹中,墨

际毫端不知不觉地凸显了自我；也借着兰叶葳蕤的线条，延伸拓展，洗礼一己心魄，澄怀观道，由丹青中，透射出永恒恬静的气象。所谓"兰质蕙心"，说的是女子容貌娇美，天性聪慧；"桂子兰孙"，是称美他人子孙，一如芳兰玉树；而"兰薰桂馥"，则是以喻别人后嗣昌蕃，世德流芳；"金兰之交"金喻坚，兰喻香，用以说明交情甚笃，这一切，显示兰是突出的，是真善美的化身。

历史上最著名的兰，莫过于永和九年，岁在癸丑，暮春修禊的兰亭。王羲之所写的《兰亭序》，凤翥龙蟠，出神入化，

宋·郑思肖 《墨兰》
清·石涛 《兰竹卷》(局部)

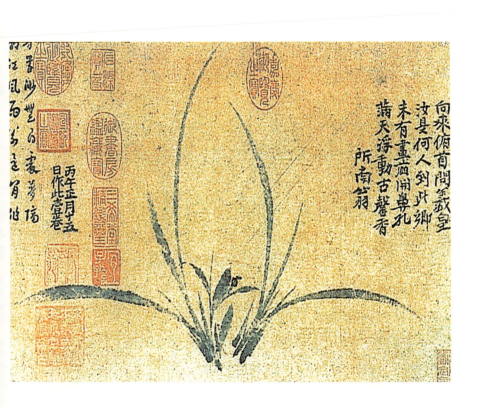

百草山中第一香

原迹传云已被殉葬唐太宗昭陵,目前比较接近原本精神的,只有"神龙本兰亭帖"(冯承素摹本)和石刻"定武本"二种。相传元人赵子固得到的是姜白石旧藏定武本,一日乘舟遇风翻覆,犹坚抱帖子不放,事后题"性命可轻,至宝是保"八字于帖本上,世称"落水兰亭",可见这件著名墨迹在人心目中重要之一斑。

兰是一个形声字,从竹阑声,《说文》意为香草。兰的种类很多,有龙舌兰、石兰、箭兰、泽兰、素心兰、蝴蝶兰、嘉德利亚兰……,像素心兰,人称"兰中之兰",较有名的有金色黑素心、大屯素心、观音素心、七仙女素心,香气浓郁,都曾风靡一时,栽培只要将三四个球茎种在六寸素烧盆中,以细蛇木屑或疏松砂质土填充,置于通风良好处,就能生长良好,用于客厅摆设,更是能使满室生香,增添幽雅气氛。

兰的姿态是优美的,戏曲表演中,旦角的手势有所谓的"兰花指",便是模仿兰花绽放的样子,而敦煌石室壁画的菩萨手印,也保留了极明显的兰形痕迹。自古以来,画兰之士在他们的画面上呈现了自然之美,也渗透出他们的胸中丘壑,那一笔一画,皆有所指,皆有贡献;宋朝的苏东坡画兰,长带荆棘,所谓君子能容小人;宋末遗民郑思肖(所南),画兰不画土,惨痛地吐露大好河山的沦丧。最是以兰画著名的,当数"扬州八怪"

明·文徵明《兰竹图》

百草山中第一香

中的郑燮（板桥）了，他的兰花画法极类石涛旨趣，所绘兰竹举世无双，传世之作如《题画兰十九则》《题兰竹石二十四则》，足见他对兰花的偏好，就连他的隶楷书法六分半书，也由画法行之，故心余太史诗云："板桥作字如写兰，波磔奇古形翩翻；板桥写兰如作字，秀叶疏花见姿致。"从这一点来说，他正是说明书画同源、用笔一致的典型。

野渡无人舟自横

——说舟

读过苏东坡《赤壁赋》的人都知道，宋仁宗元丰五年七月的一个夜晚，东坡泛游黄冈赤壁，曾经驾着一叶扁舟，在断岸千尺的赤壁，悟出了人生整个生命运作的道理，而且也为中国文学留下了一段不朽的佳话。

舟是静态的。像柳宗元的"千山鸟飞绝，万径人踪灭。孤舟蓑笠翁，独钓寒江雪"就传达给我们一种既明净又孤寂的情调，在漫天冰雪的天地中，寒江独钓的渔翁既不是钓鱼，也不是钓雪，而是"醉翁之意不在酒，在乎山水之间"。想想：在那种天寒地冻的辽阔大地上，人的生命多么微渺，但就整个意境

明·程嘉燧 《山水册》（第六幅）

来说，却也是与天地同生、万物为一的。

有时，舟是动态的。那种长驱直入的轻快，给我们的是另一种感受："朝辞白帝彩云间，千里江陵一日还。两岸猿声啼不住，轻舟已过万重山。"这首诗，就像一幅速写，很快就把握住小舟在长江急流中奔驰而下的迅速，挥洒之下，使人立即兴起一种宏阔千里的清晰印象，仿佛这条小舟已使我们心弦产生共鸣，拓展了心灵中不尽的意味。

可是，舟也能给予人们一种苍茫的荒远感，像韦应物的《滁州西涧》："独怜幽草涧边生，上有黄鹂深树鸣。春潮带雨晚来

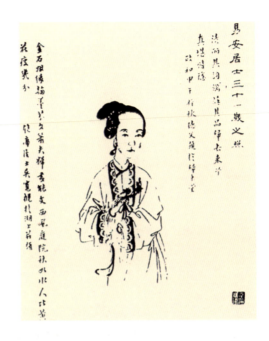

急,野渡无人舟自横。"细腻的笔触描写出一个罕无人迹的地方,一条小舟很自然地构成了整个画面的重心,成为衔接意境的媒介。这是韦应物最为人所熟知的一首诗,也由于他用心灵去感受周遭氛围,故而在自然景物中也显示出他的那份性格。

　　舟也是漂流的。其实,漂泊在人生而言,是一种无法逃避的磨难考验。尘世无常,我们甚而不能断言自己会不会走上漂泊的命运,或身世沦微?《长干曲》中的一男一女,在"停船暂借问,或恐是同乡"的对话里,就显示了天涯游子萍水相逢刹那间近乡情怯的感受,而在旅途劳累、身心交瘁之余,企盼寻得

明·程嘉燧 《山水册》（第三幅）

水远山长

一个依傍休憩之所。但是,"世事波上舟",许多事却不能随我们的意念憧憬而达,只要波涛大些,舟就有翻覆之虞,人间的战乱流离,绝不是凭几个悲天悯人的学者或宗教家就能呼吁避免,于是忧患苦难便接踵而来。如能避免,也不会有杜工部因安史之乱漂泊天涯、奔波流浪所诉"飘飘何所似,天地一沙鸥"与"老病有孤舟"的句子出现了!

当然,舟能载人,泛舟可以散心遣怀。当女词人李清照因思念远方的丈夫,她想到了"独上兰舟"去松心宽想,暂时忘却相思所带来的纠结;而在人生急景凋年,为了排遣寂寞,在别人一再称说"双溪春尚好"的时候,油然浮现"也拟泛轻舟"的想法。可是迟暮之感令她打消了这个念头,因而只有道出"只恐双溪舴艋舟,载不动许多愁"来自我解嘲,这背后,却有无止无尽、不足为外人道的一股悲怆!而最是写尽了天下苍生共有悲凄的句子,则为清末的邱逢甲在离台刹那间"扁舟去做鸱夷子,回首河山意黯然",无语问苍天的悲愤,空虚黯然,实当为有志之士同声一哭。

舟,是一个象形字。《说文》即以"船"解。这交通工具,本是致远以利天下,可是我们仍能用欣赏的角度或是人生的角度赋予感觉,既然学问范畴之大可用"学海"形容,那么学习便能以行舟为譬说明。像有人常说:"学如逆水行舟,不进则

明·程嘉燧《出游图》

水远山长

退。"这句话听来平常,可是要做得彻底,却也不简单,这都是由于缺乏毅力的缘故,如果,我们想要在理想上有所成就,"逆水行舟"的精神是不可缺少的。

此外,我们面对情况更递转变,也要有"破釜沉舟"的决心勇气,勇往直前。其实人生无处不是赌注,而亦无处不是战场,面对环境若不存背水一战的想法,扭转局面,那么便永为环境的俘虏了!

三更有梦书当枕

—— 说枕

宋·《槐阴消夏图册》

晋朝的名作家张华，曾写过一篇《瑰材枕赋》的文章。为了一只枕头，居然可以作赋赞美，的确是件不寻常的事情。这只枕头，被他形容是："或彧其文，馥馥其芬"，"允瑰允丽，惟淑惟珍"；仿佛是美的化身，也成了一个艺术主体。

自古以来，枕头的种类就不下几十种，就质料来说，有瓷制、石制、木制，亦有高贵如玉、翡翠、水晶，名堂之多，真是令人叹为观止，而人的一生，至少有三分之一的生命必须在枕上度过，故而枕头与人关系密切，不待细讲，也因此，从枕头产生的典故传说就深植民间，也在文学中不断成为心思远想

三更有梦书当枕

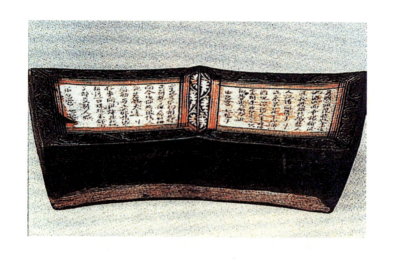

的寄寓之处。

"富贵三更枕上蝶",话说唐开元七年,士人卢生在邯郸旅舍中遇见了神仙吕翁,不满现状的卢生埋怨自己"生世不谐,困顿如是"。于是仙人吕翁便问他何得满足?卢生大言不惭,自谓:"士之生世,当建功树名,出将入相,列鼎而食,选声而听,使族益昌而家益肥。"乃称满足!言讫,而目昏思寐,时主人方蒸黍,吕翁授以一枕,卢生便进入梦境,梦得荣华富贵,出将入相,子孙蕃多,崇盛赫奕,至八十余岁而薨。卢生梦醒,欠伸而悟,一见身在旅邸,吕翁在旁,而主人蒸黍尚未熟。梦中忽历一生,乃悟出人生穷通富贵,不过如此,原来刹那之间,生前拥有的一切,均随死亡归于空无,于是稽首再拜而去,莫

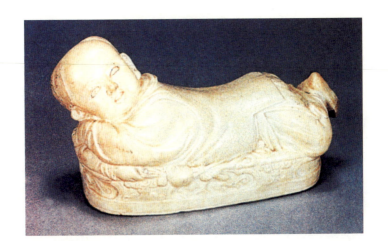

知所终。这是沈既济《枕中记》传达的人生达观出世思想。而明代剧作家汤显祖就把这个故事编成戏曲,成为他"临川四梦"中的一部,唤为《邯郸记》。

　　说到枕,人们往往借着枕头吐露心中的惆怅。一个离乡客外的游子,往往会把隔山漫水不尽长途的幽怨,寄托在那只枕上,而一个深受委屈的人,夜里也会在枕上落泪。岑参的"枕上片时春梦中,行尽江南数千里";白居易"郡亭枕上看潮头,何日更重游";尹公远的"一夜东风,枕边吹散愁多少",都能说明作者的心境,我们宛如看到诗人惘然的叹息,虽然,可能还有一些无法知晓的复杂因素,但他们陷在里面跳不出来,触绪纷至,身世之感还是最主要的原因。

因此,当杜甫收到了家书,不禁喟然长叹,无法平复思归的情绪,写下了"客睡何曾著?秋天不肯明。入帘残月影,高枕远江声……"的耿耿不寐,所以躺在枕上,却会见到月影,听见隐隐传来的江涛。而在《秋兴》之中,则曾述自己"画省香炉违伏枕"不赴尚书工部员外郎的心志,他能体悟周旋于矫揉造作的官场是人一生中最大的抱憾,所谓的"违",事实上也就是不甘于变成一个庸俗的碌碌凡夫。可是,他毕竟还是历经了这个阶段。

"自探典籍忘名利,欹枕时惊落蠹鱼。"闲居自乐的李义山,比杜子美更进一步地体认了人生,不被凝结在落寞之中,这个诗句,也能看出义山在政治不得志之外,偶有的一份闲适,诗情雅兴,也使他不因案牍劳形成为一名只知应酬逢迎的俗吏,可有一份摆脱形式的超然。

而真心从容于生活的超然,当以孔子的曲肱之乐为上。《论语》之中的孔子,能以"饭疏食,饮水,曲肱而枕之"作为快乐,并不讳言生活的困苦,且又豁达于世间种种不利的影响因素。"偶来松树下,高枕石头眠。"唐人诗句中,流露出因景生情,随遇适性的人生态度,能以枕石观云,享受湛湛蓝空的静美之乐,眼前所见,皆是动人心魄之景。

"枕流漱石"是一句耳熟能详的成语,或作"枕石漱流",意思是说隐居山水之间,情志高洁,能恬淡世事。一个人可以如是触景皆春，要与他的性格气质相提并论，不是揉作得出的。而人人若是都能洞悉自己的能力与处世之道，或许人间的暴戾与怀才不遇之感就能较少发生。

枕是一个形声字，古代的枕头多半是硬枕，所以枕字从木部。根据考证：元明之前多半睡硬枕头，之后才有柔软的枕。据传，睡硬枕头脑比较清醒，随时可起身苦读，而懂得养生的人，更是利用豆壳、茶叶、干菊花，或是各种名贵药材制成枕头，降血压或治失眠、头疼，可说是中国人在生活上另一种精致文化的表现了。

当然，对于自己该做的工作，我们也应有"今日事今日毕"的态度，及早准备。那么，就不必"枕戈待旦"，而能"高枕无忧"了。

春风又绿江南岸

——说风

"天气微凉好入睡,阑干闲在月明中。"风在中国文学之中,是个极为普遍的题材,虽然它不像其他自然现象可以捕捉,更不能欣赏,但却能任由自己的感觉细细体味。

话说六祖慧能得法于五祖,曾遇印宗法师于法性寺,是夜风吹刹幡,一僧云幡动,一僧云风动,皆未契道。于是慧能说出了"直以风幡非动,动自心耳"的道理。世间大休大歇,一切放下的人毕竟极少,而天地之内,任何的主动原就是一种被动,"风吹幡动"的体悟,也为我们揭示了这一段公案的谜底:就是心为一切体受之源。

南宋·梁楷《六祖截竹图》

春风又绿江南岸

水远山长

宋·《夏、秋、冬山水图》（局部）

南宋·李迪《归牧图》

春风又绿江南岸

其实,一个生命的成长原本就是承风受雨,而后奋起蜕变,在整个历史环境与人生际遇里,风也随处可见。有时,风是一种柔和滋养,但,有时它却挟着一波波冷冽甚至刺骨的严寒侵袭人身,每一场暴雨旋风过后,依然健在幸存的人都是幸运的!唐人岑参《白雪歌送武判官归京》一诗曾说:"北风卷地百草折,胡天八月即飞雪。忽如一夜春风来,千树万树梨花开。"在这里,千树万树一夜之间被白雪覆盖得煞似梨花盛开,可是在奇寒下却掩藏着一股股生机,只要风雪平静,这些树木便会再度抽芽苗长!历经了支离破碎和现实的悲苦,才证明性至坚韧,而也惟有性至坚韧,才能在存活之后,依旧茂盛如昔。

春风,是万物所需要的。生命在春风的吹拂下,会欣荣地涌现出来,"宛转溪桥南又北,东风吹出最繁枝"。色调纷沓的美景,使天地充满了鲜活的艺术效果,且看"柳树得春风,一低复一昂"。当风滑过,柳条弄姿,绿意婆娑地挥洒春的讯息!"野火烧不尽,春风吹又生。"春风带来的生命力,无远弗届,每每触动物种体内的血肉灵魂,勃勃地追求生长。

于是斑斓绚丽,夺人眼目的景象,使人们很快忘记了风雪曾经带来的摧残,又对风产生另一种新的情怀。"吹面不寒杨柳风",当扑面而来的是柔和温暖的情调,当会勾人陷入慵懒恣意的迷情,前人"暖风熏得游人醉"的诗句,确是有感而发。

至于夏日，炎炎暑气若有凉风吹拂，也是极难得的享受，"瑶琴一曲来薰风"，翁森《四时读书乐》传达的情趣是如何雅致！而映日临风的荷塘边，阵阵飘送的"十里香风"，会流泻着令人神畅的悠然。时序入秋，这道感觉随之改变，当"落叶满空山"或"风定落花深"的景象出现，就会有陆游"一年容易又秋风"的感慨。"洛阳城里见秋风，欲作家书意万重"，人们往往将乡愁化作字句，可是千言万语只会客心百念的张籍想得更多，愈情难自抑得无法收煞。《秋声赋》的作者欧阳修则由秋风之肃杀摇落，兴起无比的人生嗟叹，原来，四时与人生兴替同是一样短暂的抛物线，四时的曲线滑至尽头可以复起，然而，人生岂能再次回头？

而送爽的秋风也在千古的岁月里，启发神话的遐想。如果，你曾去过海上的孤岛，没有喧闹，没有光害，抬头可仰视到一片漆黑的夜空，才会真正发现为什么中国人喜欢编织一出出动人的神话，为什么将满天无数闪现的星斗与秋风结合，与"金风玉露一相逢，便胜却人间无数"这般寄情于七夕天长地久的永恒！

冬天北风劲厉，古诗里就有"枯桑知天风，海水知天寒"的描写，北国严冬，猛烈的北风卷起雪花，无论如何也不可能予人亲切之感，不少瑟缩在贫寒之中的穷士，更有"全家都在寒风里,九月衣裳未剪裁"的感触,然而,人间若无识才慷慨的毕沅助以千金,恐怕黄仲则的这番感叹,也只有沉埋在凄紧的风声里吧!

风是无法确切掌握的,成语"捕风捉影"指的是没有根据的事情。"清风两袖朝天去,免得闾阎话短长。"明代忠臣于谦的气概风骨,说他除了清风两袖之外,别无所有,因此"两袖清风"便用来形容为官清廉。面对着风,内心是舒畅,抑或惆怅,完全是因心情而定,虽然,汉武帝刘彻的《秋风辞》已透露出无法追寻长寿永年的悲叹;李后主也在国亡被俘之后,无奈于"朝来寒雨晚来风",引出无限的忧伤情怀。然而在风雨中视苦难若"栉风沐雨"的人,亦

(传)宋徽宗 《冬景》(山水)

大有人在。

风在《说文》中是个形声字。有时候，我们可把风视为一个环境：也许风中之灯或风中之烛岌岌可危，但是它却也一再地暗示我们要不畏艰苦，在恶劣环境中坚守自己的理念与光明。文天祥《正气歌》当中的"风檐展书读，古道照颜色"，不就是给我们最深刻的启发吗？

最后，再顺提一则有关风的传奇故事，相传古时一位石姓小姐，嫁与尤姓为妻，情至深笃。其夫远行经商，石氏阻拦未果，寻以思念致病，临终之前长叹："吾恨不能阻其行，以至于此，今凡有商旅远行，吾当作大风为天下妇人阻之。"于是自后商旅发船，若遇打头逆风，辄称"石尤风"，遂止而不行。至于《三国演义》当中孔明的借东风，更是家喻户晓。由此可见，民间故事从自然现象取材编织的情形是极为普遍的。

湘江竹上知何限

——说竹

"宁可食无肉,不可居无竹。"蔽荫迎风的竹在中国古典造园艺术里,是不可缺少的搭配,那种清气萧爽,往往令人偃仰之间,俗虑尽忘。白居易的《养竹记》也曾指出它挺拔直立的外表,象征着君子刚直不屈,而内在的空和节,意味着君子的操守名行,夷险一致。

墨竹相传始于五代李夫人,《图绘宝鉴》说她月夜独坐南轩,竹影婆娑可爱,乃挥毫濡墨,摹写窗纸之上,其后北宋的文湖州(同)登峰造极,挥洒出鲜活的墨竹生命,他曾教导苏轼画竹,要"必先得成竹于胸中,执笔熟视,乃见其所欲画者,急起从之,

明·宣宗《武侯高卧》

振笔直遂,以追其所见,如兔起鹘落,少纵则逝矣……"(苏轼《文与可画筼筜谷偃竹记》)成语"胸有成竹"就是出自于此。而在生活的体验中,王禹偁的《黄冈竹楼记》,更以"夏宜急雨,有瀑布声;冬宜密雪,有碎玉声;宜鼓琴,琴调和畅;宜咏诗,诗韵清绝;宜围棋,子声丁丁然;宜投壶,矢声铮铮然",纷纭交叠,组织成动人的音符,使人感受了一种内在的情韵。

明·文徵明《画竹》
北宋·文同《墨竹》

竹是一个象形字,《说文》作"屾",云:"冬生屾也。"指的便是在寒冬愈挫愈奋,显示不凋谢的精神,于是它引领了传统读书人与知识分子面对时代、宇宙、人生时,如何在纵的历史中选择建立自己独立的观念。所谓"竹林七贤":嵇康、阮籍、阮咸、向秀、王戎、刘伶、山涛;"竹溪六逸":李白、韩准、裴政、张叔明、白陶沔、孔巢父;"风竹是感应无心"的程明道;堂前格竹子的王阳明,莫不对竹有一分执著和深切

湘江竹上知何限

水远山长

憧憬!

　　竹的种类很多，根据前人《竹谱》所记，达六十余种，它是温、热带植物，在我国华中、华南和台湾，随处可见，一般所见到的有麻竹、绿竹、孟宗竹、淡竹、刺竹等。在福建省永康县方广寺还有一种方竹，它的茎干如手指头般大，呈方形，可说是极为少见的品种了。

　　至于用途，竹的利用尤为广泛，很早就与文明有密切关系，"著于竹帛"，担任传承文化的责任。此外还能供应建材，作竹椅、竹几、竹笼、斗笠、手杖、包粽子、供造纸、制乐器。用竹制成的乐器，有箫、笛、排箫、篪、管、笙篥等。当然，竹子也供食用，常食竹笋，纤维可助消化。冬天采收的称为冬笋，品质细嫩，相传为三国时代孟宗哭竹所生；春天采收的则称春笋。这两种都是孟宗竹的产物，而六月之后，则是绿竹笋和麻竹笋的生产季节。

　　竹笋清香甜美，不论炖肉煮汤，皆极爽口，过去还有扬州富商听说黄山竹笋烧肉特别好吃，曾就地掘洗，由厨师在黄山调好味料，燃上炭火，每隔十里一站，专人接力送至，是为扬州一大名菜。

朱雀桥边野草花

——说花

喜爱花的人，泰半都是性情中人，而莳花之乐，更使人忘却俗世带来的烦扰。

话说当年佛祖在灵山会上传道说法，坛下弟子群集，佛祖默无一语，只手拈一花，向诸信众环示，无人可悟世尊真意，唯独大弟子摩诃迦叶，展颜微笑，于是佛祖当众宣示："吾有正法眼藏，涅槃妙心，实相无相，微妙法门，不立文字，教外别传，付嘱摩诃迦叶。"此处妙谛微言，依傍妙悟，世尊传法迦叶，即因他已能直指人心，见性成佛。这便是由花接引成圣的一段故事。

清·恽寿平 《花卉册》（牡丹）

而南京城外的雨花台，相传在梁武帝时，有云光法师讲经于此，感得上天雨花赞叹，故名"雨花台"。花雨的景象必定是极端动人心魄，斜斜的被风吹向大地，满满的令人眼目都迷。只是，我们或能看见厚厚如茵的落花，无福仰望漫天飞舞的壮观景象。且提《红楼梦》第六十二回"憨湘云醉眠芍药裀"一折，话及史湘云因多罚了两杯酒，娇娜不胜，只有纳凉避静小卧于

朱雀桥边野草花

近现代·吴昌硕 《藤花图》

水远山长

园中山石僻处一块青石凳上，众人寻她不得，各处去找，及至寻着，正是：香梦沉酣，四面芍药花飞了一身，满头脸衣襟上皆是红香散乱。手中的扇子在地下，也半被落花埋了。一群蜂蝶，闹嚷嚷的围着她。又用鲛帕包了一包芍药花瓣枕着，众人看了，又是爱，又是笑，忙上来推唤挽扶……

晋朝的陶渊明看花别有一番境界，他的"采菊东篱下，悠然见南山"从零星的事物贯穿了自我创造的境界，他在无意之间，由花跳脱到了另一个纯然主观存在的天地，对现实不会再有执著与否的症结。一般而言，看花也可有三个境界层次：第一层次是眼中有花、心中无花；第二层次比较深刻，是眼中有花，心中有花；到了最高一个层次，则是眼中无花、心中有花。陶渊明的境界当属第三层次，"万物静观皆自得"，正是这一点，使渊明能超然于境遇形骸之上，也因此，古今中外不可能再有第二个一模一样的渊明！

诚然，花也是可以赋予性格的，陶渊明之所以爱菊，是由于菊为花中的隐士；周敦颐之所以爱莲，则以莲为花中的君子。据说徐志摩还最爱西湖畔的芦花，因为芦花最能看出人生世代的转移更替。换句话说，每种花都有它独特的姿态与情调风格，情调风格就是一切美的秘诀。而一个读书人在受到整体文化的熏陶下，就产生了所追求的中心价值，当他们爱花品花之时，遂将

水远山长

自己欣赏出的认知层面,作为人格的归宿了。

因此,古人爱好的不仅是赏花,更有人花费了半生精力为花作传,如唐朝的贾耽有《花谱》,宋朝的张翊有《花经》,明朝的王象晋有《群芳谱》,这些都是为花立传,且以品级次第来分别花卉种类。有人酷爱种花,如吴越的钱仁杰又号"花精",《今古奇观》中的灌园叟,人称"花痴",最是《红楼梦》里,曹雪芹笔下的黛玉葬花,竟使宝玉听到黛玉"侬今葬花人笑痴,他年葬侬知是谁……一朝春尽红颜老,花落人亡两不知"的诗句后,也"不觉恸倒在山坡上,怀里兜的落花,撒了一地……"最能够在后世人们的心中留下深刻印象。

花是上天赋予这个世界最美的点缀,传说,上天为每个月设有一位掌管花的花神。"如花似玉"是形容女子的美貌,李白《清平调》就以"云想衣裳花想容"来描写翩翩起舞的杨玉环。花是有灵性的,因此唐明皇把心爱复能领悟体贴的贵妃唤为他的"解语花"。鸟语花香更是醉人心脾的难得景象,它能勾起人们飞扬浩荡的神思,情满热爱,写下作者对眼前这自然美的观察和感受。

于是,"风吹柳花满店香,吴姬压酒劝客尝"。这是李白不拘人间格套所抒发的四海豪情。"似花还似非花,也无人惜从教坠。抛家傍路,思量却是,无情有思。"东坡借落在路旁的杨花,

明·陈洪绶《归去来辞图》

水远山长

五代·黄筌 《宋绣芙蓉翠鸟》

朱雀桥边野草花

写人间不尽的痴情。"正是江南好风景，落花时节又逢君。"杜甫则以在江南逢遇天宝名乐人李龟年的刹那感慨，道出了那个时代世运的沧桑与彼此的凄凉流落。至于刘希夷的"年年岁岁花相似，岁岁年年人不同"诗句，更把古今以来许多人的心事畅诉无遗！

花原是个象形字，《说文》指的是"草木华也"，在中国人的心目中，花卉园艺已进入了人文精神的一部分，成为人们心目中不可或缺的调和。"花若解语还多事，石不能言最可人"这句话使人恍然悟道，原来，生命的意义是否多彩多姿，你的人生是否丰富，全看自己对生命处理的手法如何而已！

纷纷巧剪鹅毛细

——说雪

雪,浑融飘逸,也是千姿万态的。仰望漫天飞舞的雪花,或许你才能真正体悟:天地之中,令人心驰神往的美景极多,然而能给人清洌净白的一份纯美,恐怕只有冰天雪地中的银色世界。

《老残游记》中的《黄河结冰记》写老残在齐河县看到黄河结冰的景象,也写出天色渐暗,云山如梦似幻的奇观:"这时北风已息,谁知道冷气逼人,比那有风的时候还厉害些。……抬起头来看那南面的山,一条雪白,映着月光,分外好看……于是云是白的,山也是白的,云有亮光,山也有亮光。"雪月交辉中,

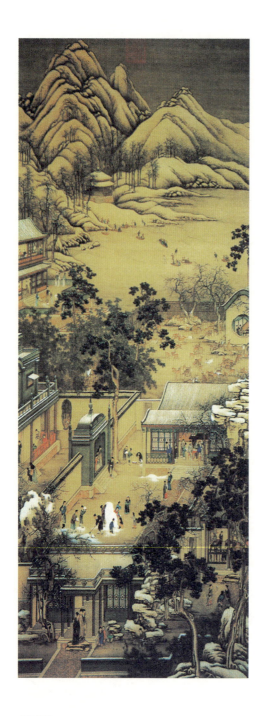

清院本《十二月令图》(十二月)

水远山长

让老残想起谢灵运的"明月照积雪，北风劲且哀"诗句，惹起时不我与、岁暮感伤的几行清泪。而泪被冻住了，结成了冰，地下还有许多冰珠子……

元杂剧《山神庙裴度还带》第二折里，也有一段描述雪景的文字，那场雪，纷纷扬扬下了好大一场："恰便似梅花遍地开，柳絮因风起。有山皆瘦岭，无处不花飞，凛冽风吹……"于是，"路径行人绝迹，园林冻鸟时啼"，也冻得裴度眼花眩曜，唱出了："是、是、是，我可便心恍惚，辨不的个东西南北，呀、呀、呀，屯的这路弥漫，分不的个远近高低。琼姬、素衣，纷纷巧剪鹅毛细，战八百万玉龙退败，鳞甲纵横上下飞，可端的羡杀冯夷。"

而西湖的"断桥残雪"就不同了，在春水初生时，画桥倒影，带以积雪，与相联结的孤山滉朗生姿，当日光初照，便与全湖波光相激射，这就是断桥残雪擅场之处，并与《白蛇传》深入人心的"断桥""合钵"同存不朽！

文学上也有一则关于雪的记载，《世说新语》里述及东晋名相谢安，一日与儿女讲论文义，窗外的雪急急骤骤地下了起来，煞似一道道密密的珠网，美丽非凡，谢公一时兴起，便高兴地说："白雪纷纷何所似？"兄子谢朗以"撒盐空中差可拟"形容，在旁的侄女谢道韫则脱口一出"未若柳絮因风起"的佳句，谢安由是大悦，而道韫多才的文名自也不胫而走。这便是文学上"咏絮才"典故的出处，也告诉我们在创作之时，用字的确是一门很大的学问，并且是决定文章层次最主要的因素，达意传神，全在乎用字是否能准确痛快地传达自己的体会心得而已！

于是，苏州弹词里，一首悲凉苍劲的陈调："大雪纷飞满山峰，冲风踏雪一英雄。帽上红缨沾白雪，身披黑氅兜北风。枪挑葫芦迈步走，举目苍凉恨满胸。这茫茫大地何处去？天寒岁暮路途穷。"道尽了林冲踏雪的悲愤。而"千山鸟飞绝，万径人踪灭。孤舟蓑笠翁，独钓寒江雪"，则为柳宗元在文学史上钓出了缕缕峭洁清远，悠悠地在后人心中扩展。所以有时候多产并不是文学写作成功的致因，由这里便能看出一斑了。

此外，我们也能视风雪为追寻理想的历练环境，话说《三国演义》里刘玄德三访诸葛亮，就是时值隆冬，天气严寒，彤云密布。行不数里，便就朔风凛凛，瑞雪霏霏。然而，凭着求才殷切的一股热情，终于请诸葛亮出茅庐而拯天下。而宋代杨时、游酢，更因在拜谒大儒程颐，适逢夫子瞑坐，便侍立在雪天庭下，不敢暂去，直至老师醒来，而雪已盈尺。这些，都一再启示我们在成功之前，不能逃避迎面而来的考验，更要以无比的耐性去面对。

因为，风雪毕竟是会过去的，也只有经霜历雪的人才真正

纷纷巧剪鹅毛细

唐·《雪景》（局部）

是个心智成长的人。贬潮途上的韩文公,就曾经"雪拥蓝关马不前"的磨难;就义前的金圣叹,更在天降大雪,缈缈盈盈的法场上,自自然然、洒洒脱脱吟诵出"天公丧母地丁忧,万里江山尽白头。明日太阳来作吊,家家檐下泪珠流"的即景抒情。虽然,这里面含藏着一种极端凄酸沉重的身世之感与亡国悲恸,但是,白雪就是他这一生的写照——清清白白,潇潇洒洒。

下雪象征祥瑞,古谚所谓"瑞雪兆丰年",东坡更有"遗蝗入地应千尺,宿麦连云有几家"的诗句为证,据闻:雪增一尺,幼蝗则入地一丈,雪厚则次年虫害绝。但雪若下得不是时候,就显示时将乱、冤狱兴。战国时,邹衍被人诬害下狱,仰天大哭,于是仲夏五月,天竟下霜;而元杂剧《感天动地窦娥冤》里,也有六月间天降三尺瑞雪的异事。然而,人间若不断发生悲剧,天象异常也是毫无意义的。

雪,是一个为求方正之美的形声字,《说文》本作霉字。雪是洁白的,看到玲珑皓雪,胸中会廓然无滞,一个人绝顶聪明,我们可用"冰雪聪明"来形容,雪光晃亮,所以历史上有晋人孙康映雪读书的故事。而寒冬雪夜,坐拥书城,更能产生《四时读书乐》"坐对韦编灯动壁,高歌夜半雪压庐"的境界。

"绿蚁新醅酒,红泥小火炉。晚来天欲雪,能饮一杯无?"在雪花纷飞的冷寒清夜,如能兴之所之,拥有这一份暖暖深情,那么,你将是最能体悟生活的人!

数点梅花天地心

——说梅

南宋·马麟《暗香疏影》

在层冰千里的大地，盛开的梅花迸现了一种充沛和百折不挠的精神，那种奋傲霜枝的风神，使万物不禁对它尊敬和顶礼。

正月的花神是梅花。偶一思之，梅的确给予我们启示：一种内在、本质、超脱群伦的深秀气质，而非外在表面的美不胜收。昆曲《长生殿·絮阁》里的梅妃江采苹性好梅花，便以动人怜爱的气质超越群芳，深得玄宗喜爱，以致遭到杨贵妃泼辣的嫉妒；传说中，宋武帝的女儿寿阳公主，倦乏小睡于含章殿檐下，一朵梅花落在她的前额，留下五瓣花痕，更加妩媚，因此宫女纷纷模仿，以梅花印额，称为"梅花妆"，这种梅花衬出的美，

数点梅花天地心

宋徽宗《五色鹦鹉》

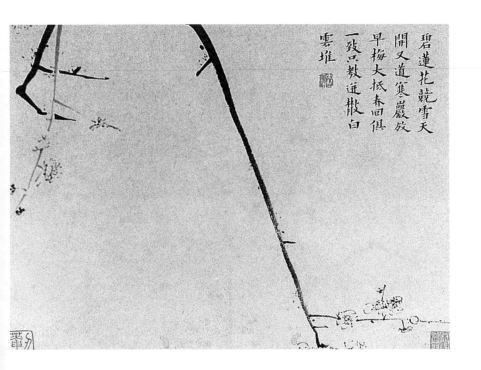

南宋·马远 《梅月》（小品册第三）

想必更显现了人内在的精神气质，所以才会在当时影响久远。

　　梅散发的一股幽香，清与幽，不正是象征着一种不慕名利的淡泊典范吗？宋代的林逋种梅放鹤于西湖孤山，梅妻鹤子，自适其间二十年，孤山与断桥相连，残雪霁色，各擅其胜，无怪乎他会写下"疏影横斜水清浅，暗香浮动月黄昏"，洞彻生命的哲思和宇宙间汩汩不断的生机了。本来，艺术中最高的境界，就是要从大自然的和谐中去汲取灵感，妙造天趣，而有一个超越

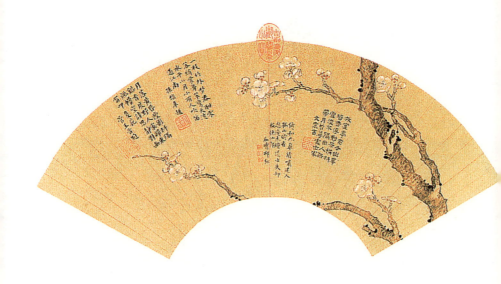

且又传神的境界,不是有人说过:种树栽花,一片生机!而俯仰天地之中,翁森《四时读书乐》的"数点梅花天地心",正传达出不可穷尽的、独一无二的生命。

但是,有梅无雪,却也无法显示它的精神,"不是一番寒彻(徹)骨,争得梅花扑鼻香""有梅无雪不精神",岁寒,方知松柏之后凋也。而梅亦依然绽放,乱世忠魂,毫无疑问对整个国家民族有振聋发聩的作用,对历史有深远的影响,扬州梅花岭的蜡梅之所以名显天下,即是由于"万点梅花尽是孤臣血泪;一抔故土还留胜国衣冠",与民族英雄史可法万古相守!

梅是一个形声字，意为酸果。事实上它的本字是某（杲），从木甘得意，原指酸流溅齿的梅子，两个字声纽同为"明"母，古韵在"之"部。梅子黄时，也就是所谓的梅雨季，大约在入夏之后，长江流域形成冷锋，阴雨绵绵。

梅的种类很多，一般分食用的"果梅"和观赏的"花梅"两种。花梅因花形、花色区分，有红梅、墨梅、绿梅、玉蝶梅、香雪梅、雪梅、馨口梅等。大庾岭又名梅岭，梅花夹道相植，每至盛放，红白梅夹道，行者忘劳。果梅则能制成各类干果，如话梅、乌梅、陈皮梅，然而最令人难忘的，该是那未成熟的青梅了，入口那股酸劲，足使你咽个大半天口涎！

千里怀人月在峰

——说月

月到中秋分外圆,在中国古典文学作品中,月亮是不能不谈的一个素材。

宇宙是很巧妙的,假如整个天空没有一片云,没有太阳、星星和月亮的话,那便是一片苍白了。有情天地,无一不是虚实相配,偌大的天空是虚,但寂静的夜空只要有一轮明月,她所发出的光辉,便能填满宇宙人间任何一个角落空隙。当大地酣睡,人间是一片沉寂,只有月亮依旧高高地挂在天上,而在黎明来临前,月也就在白云的遮蔽下隐隐退去,送走一个长长的夜。于是,月所披洒出的光辉,煞似慈祥关怀,也引动了更多的想象与情感。

南宋·马远《梅月》(小品册第三)

千里怀人月在峰

或许，月亮正是黑暗深渊中的一道光辉，她所闪现的光明，也就是人间的希望。霎时间，温暖、光明会蓦然浮现人们的心头，即使是一股迷惘，也将触发心灵的冲荡。"床前明月光，疑是地上霜。举头望明月，低头思故乡。"这是感触眼前实景与复杂心情，感慨系之而涌现的浓烈乡愁，这种心情和杜甫"露从今夜白，月是故乡明"、白居易"共看明月应垂泪，一夜乡心五处同"的神驰千里、感慨遥深是完全相同的。而"回乐峰前沙似雪，受降城外月如霜。不知何处吹芦管，一夜征人尽望乡"更是由幽怨凄慕的芦笛，令人不禁陡然接近如霜的月亮，将她视为怀乡恋土的唯一线索。千古以来，这种鲜丽的感受，不知拨动了多少久客思归者的心弦而有共鸣之感，也成为各种寄托的承载处。

因此，"我寄愁心与明月，随风直到夜郎西"是李白以寄往明月传达友情，对好友王昌龄即将谪官湖南潜阳的心绪关怀；"长安一片月，万户捣衣声"，在唐朝月光照耀下的长安城，却隐藏着不为上位者所知的时代悲苦！"秦时明月汉时关，万里长征人未还。但使龙城飞将在，不教胡马度阴山。"死者已矣，或许盼望只是一种虚无缥缈的幻想，然而捣衣毕竟也是一个寄托，或许还能从绝望中转出希望来！只要月亮还在，就代表着时空的延续，而延续，就意味着仍有希望！

可是，延续对某些人而言却是无竟无止的痛苦，"春花秋月何时了"的李后主，面对月亮只会勾起他"一年容易又秋风"的感慨与丧失做人尊严的怆触。人生的黄金时代，早已一去而不复返，"故国不堪回首"，月明对他，已不再有特别的意义。

当然，月亮也能够寄托一个作者对历史人生的感慨："今人不见古时月，今月曾经照古人。古人今人若流水，共看明月皆如此。"岁月是一个漫长的时空，生死是永不歇止的循环，"淮水东边旧时月，夜深犹过女墙来"。人间沧桑不过就是历史中的一个逗点而已，即如此，望月感怀也仅是微不足道的事情，用不着恋栈。"明月几时有，把酒问青天。不知天上宫阙，今夕是何年？"东坡是最能够看得透人生的，所以同样的月，却有如此的情怀，他和许多人一样，也曾有过寂寞孤独，但是，寂寞却不能作为我们叹息的唯一理由。

"少年读书，如隙中窥月；中年读书，如庭中望月；老年读书，如台上玩月。"如果学问正一如月亮，不同年龄的治学境界的确如此。

月是一个象形字。月圆月缺，月的形状，会带给人们不同的感受，《记承天寺夜游》中的东坡，便因月色入户，欣然起行，闲情逸致，一如于良史的"掬水月在手，弄花香满衣"。在一年中不同季节、不同地点的月，也各有独特的风貌："雁字回时，

水远山长

清 · 王翚 《仿沈周古松图》

五代 · 《浣月图》（局部）

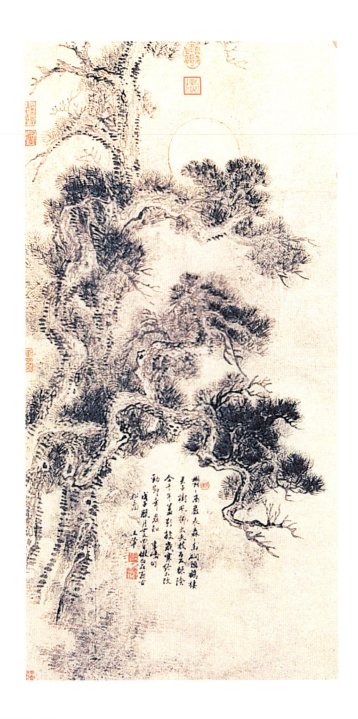

千里怀人月在峰

月满西楼。"这是李清照所见到的月;"月落乌啼霜满天,江枫渔火对愁眠",这是张继在枫桥所见的月。月出可以惊山鸟,也能"月涌大江流",而最美的月亮,该是唐人张若虚在《春江花月夜》那首长诗里描写的:"春江潮水连海平,海上明月共潮生,滟滟随波千万里,何处春江无月明。江流宛转绕芳甸,月落花林皆似霰。空里流霜不觉飞,汀上白沙看不见。"空明洁净,直把人带到一个隔绝人世的仙境。

有关月亮的传说很多,像中国人熟知的嫦娥奔月、李白水中捞月均是。"吴牛喘月"是一句成语,指见到类似的事物产生心慌胆怯的情形。这个故事是说:南方气候很热,吴地一带的水牛也怕热,见了月亮,以为是太阳,便不由分说地喘起气来。还有,人们把主管人间姻缘的神称为"月下老人",说他有一条红绳,只要他把这条红绳系上男女的脚,纵使两人是相隔千里,素昧平生,也将结为夫妇。"有缘千里来相会",姻缘天定,中国人对"姻缘"这两个字安排了如此美妙的一段神话,也能看出中国人的幽默了!

一盏寒泉荐秋菊

——说菊

在西风的季节里,中国人似乎对生命艺术的体悟最深刻,也最自然。清秋立即就使人联想到晋朝那个静念园林、采菊东篱的陶靖节,也使人体悟南宋李易安人比黄花瘦的意外之境。

清秋是美的,而九月绽放的菊花,摇曳在宇宙六合中,那种依稀仙子的线条,瞬间把我们由空间意识带入了长久漫游的时间历程,于是,我们感染了一份古人赋予菊的人生体会。晋的陶渊明独爱菊,菊是花中的隐士,那股气质、秀逸,正表现了他人生中若淡若疏的意趣。而明朝人张潮在《幽梦影》一书中也提到:"梅令人高,兰令人幽,菊令人野,莲令人淡。"这个

野，也正提示了一个不黏不脱的面目，说人有行云舒卷的性格，可挣脱无形的牢笼。然而，菊是纯洁的，不同于无高韵的世情儿女，于是，未嫁的女子称为"黄花闺女"；同时，菊又是幽香的，所以人老壮健坚贞，我们也称"黄花晚节"。

传说中，食菊花可使寿命长，屈原"夕餐秋菊之落英"，据说是想要辅体延年，《荆州记》云："菊花水，饮之能瘳疾延年。"或许就是指这点。而《抱朴子》更言明"用白菊花汁、莲

陶渊明

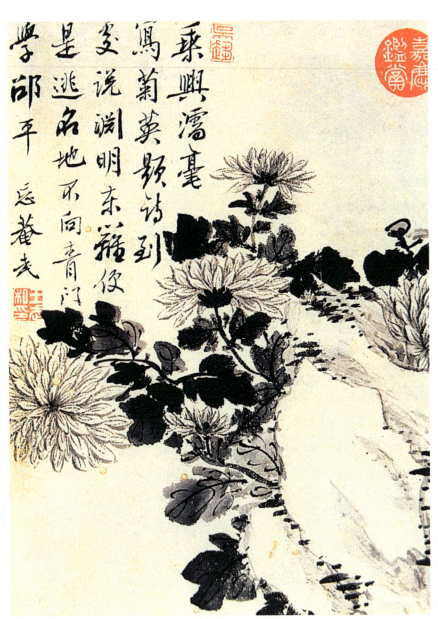

一盏寒泉荐秋菊

清·王武《花卉》

花汁、樗汁、和丹蒸之,服一年,寿五百岁"(刘生丹法)。除此,它能制成枕头,有祛除病痛的作用,《澄怀录》中说:"秋采甘菊花,贮以布囊作枕用,能清头目,去邪秽。"因此,中药的药材内便有菊花一味,用量二至三钱,甘淡、性温,有补血通经去瘀的功效。

菊是一个形声字,《说文》从艸匊声。它和梅兰竹并称"四君子",是古今以来画题上永恒的素材,历史上的"扬州八怪"便以画四君子闻名于世,"八怪"的画是中国历代最典型的文人画,虽然菊是石涛的遗风,但都具有个人境界,而非由临摹因袭,换句话说,他们进出的艺术精神,正是梅兰竹菊内在的、特殊的格调,把被人间忧患磨炼成的高迈心志,以丹青来抒写抱负。

菊也是清雅的、肃穆的,在佛堂上供奉着它,气氛应会感神,烘托出素、洁、清、静,在一小杯清水中插上一朵菊,将使你无视琳琅满目的红尘,而会在哲理思辨中透彻了悟、不有"明日黄花"之叹!

映阶碧草自春色

——说草

草,是大地一种原始淳朴的美。一株株随风起伏,渐远渐阔,渐淡似无的草,或在高山,或在原野,对普通人而言或许并不起眼,但在诗人眼中,草不但可感染心灵,更能唤起萦回内心深处的故旧之情。

唐代大诗人白居易有一首《赋得古原草送别》的五言律诗,诗云:"离离原上草,一岁一枯荣。野火烧不尽,春风吹又生。远芳侵古道,晴翠接荒城。又送王孙去,萋萋满别情。"这里的送别心绪,虽与那首因渺渺长途、梦魂远阻的古诗"青青河畔草,绵绵思远道"(《饮马长城窟行》)不同,但也说明了草不论绵延深远，抑或垂垂丰茂，都使人心中对深挚之情涌出一股不同程度的怀念。而年年草色的荣枯，便就是人生时空的更替。"春草明年绿，王孙归不归？"盼归与当时的送别同样都是一往情深，但在此时，二者都同时坠入了失落之中，令人不堪回首。

然而，《桃花源记》的作者则不然，陶渊明用鲜美芳草、缤纷落英构筑了一个令人悠然神往的世外之境，渔人自由自在地悠闲摇橹于散出淡香的微风里，形成了一种解不开的美感。于是刹那间的永恒就蓦地呈现于一个林尽水源的小口处，电光石火般一闪即逝，那仿佛是一种顿然开释，哲人可以捕捉得到，而我们却永远无法问津，只能隔雾观花，在朦胧外艳羡不已！

所以说，草所呈现的面貌是多样性的："闲从蕙草侵阶绿，静任槐花满地黄。"这种大自然色调的搭配，给予人视觉上清爽的感受，而"苔痕上阶绿，草色入帘青"顿时又丰腴了整个画面，使我们脑中浮现一抹绿意，陶然忘却扰人的俗情，至于那新鲜的青翠，更烘托了庭园书斋的吟哦声声，无怪乎"绿满窗前草不除"的佳句，会使人启悟美的本质，并在心中蕴蓄无限温暖。

于是，诗情与画意更纠缪在一起，融融泄泄，渺渺窅窅，如茵的绿草不绝如缕地牵引着诗人，因此，不待深辨，"春草如有情，山中尚含绿"与"池塘生春草，园柳变鸣禽"一派亦情亦

映阶碧草自春色

景的和谐就自然勾勒出来。尤其是"静中之动,弥见其静"的境界,蓦然间与杜甫《蜀相》一诗"映阶碧草自春色,隔叶黄鹂空好音"庭草自春,新莺空啭的凄凉,及白居易《长恨歌》"西宫南内多秋草,落叶满阶红不扫"的怅惘成了迥异的对比,也能看出草被赋予情感的不同了。

"暮春三月,江南草长,杂花生树,群莺乱飞,见故国之旗鼓,感生平于畴日,抚弦登陴,岂不怆恨?"这是丘迟《与陈伯之书》的句子。这封招降书信,用江南美好风景,给对方时代兴亡、人生抉择的无限引发,愿其自省,并终在寿阳反正,拥众八千来归。而北国的"敕勒川,阴山下,天似穹庐,笼盖四野,天苍苍,野茫茫,风吹草低见牛羊",则予人无限辽阔的塞上风光,雄浑豪壮的天地旋律,使人仿佛置身其间,有真实的感受。

草是随地生长的,甚至在墙角,在石隙,也都能看见它的足迹。在这些不利生长的环境里,草却活得生意盎然,这就启示我们要有坚韧的生命力,才有生路转机!

草也是柔嫩的,只要有风吹拂,草就随顺摆动,故有"风行草折""草上之风必偃"的说法。似乎在人生中,我们也必须学习草的精神,在必要时偶尔修正自己的方向,用行舍藏、通权达变;当风来袭时,随其自然原则,依势伏下,却依旧坚韧

映阶碧草自春色

地有弹回原位的力量。人生突来的不如意事,本来就是因情况而转变,纷至沓来且不可避免的一种恒常存在!如果我们傲慢依旧,那就是真真不了解草在厄中求存的道理与等待转机的暂息了。

草有时也能造成幻觉。历史上就有一则"草木皆兵"的故事,叙述前秦苻坚在淝水一战遭晋军击溃,士兵一路逃窜,望见八公山上草木都以为是晋兵,那种极度惶恐的心理。此外,草还有一则"结草报恩"的典故,叙述晋国大夫魏颗将父亲遗下的爱妾改嫁他人,不予殉葬,之后带兵作战,遇秦将杜回,情况危急时,魏颗见一老人"结草"(按:即以草编圈套)以亢杜回,致使杜回颠踬被擒。夜中梦见老人,即所嫁妇人之父感念魏颗,前来报恩,于是,这个典故就用来比喻冥中报恩之意了。

草是一个形声字,它原作艸字,属于象形。"十步之内,必有芳草",这个天地之中,品德优秀的人仍是不少的,似乎,我们要先推开自己心中的一扇窗,才能大大地看见它们,也才能感受到那活泼畅旺的生机!

千条万缕送行色

——说柳

"长安陌上无穷树，惟有垂杨管离别。"在中国古诗词中，杨柳是经常出现的题材，也会被人赋予特别的意义。因为，陌头堤畔那一株株的翠柳，会带来良辰美景，也牵引出不尽的畅旺生机，在春风的吹拂下，和路过的行人不停招手。

早在《诗经》的时代，柳就已经出现了。《小雅·采薇》就写了一个戍防边关的士兵在行军路上，面对雨雪交侵，苦不堪言，涌现一股莫名的思乡情怀："昔我往矣，杨柳依依。今我来思，雨雪霏霏。行道迟迟，载渴载饥。我心伤悲，莫知我哀。"依依的杨柳虽象征了美好的春天，但诗中的主角却远离服役，

清·雍正官窑珐琅彩杏柳春燕碗

于是眼前纷飞的雨雪,引发了他对一份遥不可知的企盼无限向往,也使我们从他的那个时代,看出百姓对整个人生社会战乱盛衰的感慨哀伤。

而曾分手的杨柳岸边,依旧是柔细的柳丝浮在春水上,一批批的人们在此告别。"离愁正引千丝乱,更东陌,飞絮濛濛。"聚散似乎已成为人生一种不变的定律,在百岁光阴里周而复始地循环,人只是将那些繁复的感触灌溉到随风摇曳的柳丝里,而使摆动的千条万缕更导示离别的酸楚。于是,千古以来送别的曲子,便一首接着一首,载着送别者的心事,唱出莫可奈何的

宋·《柳溪春色图》

叹息……

于是,柳给我们的体悟不单纯只是摇曳生姿的美,而是更有一种独特的面貌,经汉魏以来,也有一首送别的曲子称作"折柳",因此往后一千多年的岁月,"折柳阳关"就成为中国人送别的代名词,而千万条依依低垂的嫋嫋弱枝,便也象征送行和远去者内心的千头万绪,在空中无根飞舞,那仿佛是所有的盼望皆已落空,而又有一股凄凄恻恻,隐隐约约地侵袭心头。

所以,当人们一遍又一遍地唱着阳关曲的渭城朝雨,诉说"西出阳关无故人"的心境时,那就是一个泪水和愁郁交织的时空，幽咽的声音，不断激荡人们的心灵。而他们波动起伏的凄怆，更造成了"年年柳色，灞陵伤别"，因为，柳色的绿又唤起了游子未归的回忆，无由莫名的，使人埋入了深深的哀愁。

然而，从自然欣赏的角度而言，柳的姿态的确还是非常美的。"柳丝长，春雨细，花外漏声迢递。"这是温庭筠在春天见到的景致，那长长的缕缕柔条，也就是他一份绵远的心情，或许其中就怀着难以碾磨的追忆。而贺知章的"碧玉妆成一树高，万条垂下绿丝绦。不知细叶谁裁出？二月春风似剪刀"则以丰富的想象，为美感的呈现安排了突出特别的理由，春风吹得柳叶更有情调，像是一刀一刀裁出来似的。诗句紧紧地抓住了整幅画面的重心，也令读者别开生面，深觉比喻恰当，作者真有不随世俯仰的思想情感，而焕发出清丽可喜的特色。

即如此，诗人捕捉了柳的特色，用所领略的感觉去深入观察，也造成较为有力的艺术渲染效果，像诗圣杜甫就有"隔户杨柳弱嫋嫋，恰似十五女儿腰"的句子，他把柳和女子纤柔的腰相比，便是连接两者一种共通的风格。此外，白居易也曾描写杨玉环"芙蓉如面柳如眉"，那就是一种更富有审美眼光的写法，而陶渊明除了衷心偏爱的菊花，还在宅边植柳，号称"五柳先生"，闲情逸趣，令人玩味再三他的清高与孤傲。

柳是一个形声字，柳与杨不同，一般言之：枝条下垂为柳，

千条万缕送行色

明·陈洪绶《蕉林酌酒图》

上扬为杨，可是人们一向二者并称。而自古以来，有关柳的典故亦是耳熟能详，像《战国策》里就有一则《百步穿杨》，传说是苏厉劝白起不要出兵作战的寓言，以神箭手养由基的百发百中，和白起的百战百胜相譬，但射箭若超过百发，便会精疲力竭，致前功尽弃。任何人的能力都是有一个极限的，千万不可迷恋于过去的胜利经验，休息，毕竟还可以走更长的路！

《墨庄漫录》一书曾记扬州蜀冈大明寺有欧阳修手植柳树一株，所谓"欧公柳"，而扬州太守薛嗣昌，为附庸风雅，亦植一株，自榜曰"薛公柳"，人莫不嗤之，旋为人伐去。还有据说清朝时候，左宗棠征新疆，为识别方向，沿途插了许多柳枝，不料却成了茂密无比的大树，造就一段流传千古的佳话。人生之中不是正有许多像这样"无心插柳"，却有意想不到效果结局的事吗！正由于无心，那就更适宜深深品味感受，而不应辨察说明，这便是文学佳品美之所在了。

十年一觉扬州梦

——说梦

"日有所思,夜有所梦。"生命历程里最令人铭刻不忘且感动的梦,往往是那些已被岁月尘封,却因心灵颤动千形万象一幕幕呈现出来的梦。白居易笔下的商人妇"夜深忽梦少年事,梦啼妆泪红阑干",是一种迟暮美人无奈的感慨;而诗人杜牧"十年一觉扬州梦",却有轻掷少年光阴的怅惘。唐人李公佐写淳于棼南柯一梦,沈既济写卢生梦醒黄粱,所谓荣悴悲欢,不外只是短梦一场。

东坡说得好:"世事一场大梦,人生几度秋凉。"(《西江月》)浮生似梦,聚散如梦,其实历史朝代的兴替不也是一出出

明·沈周《写意》(梦蝶)

的梦？"三百年间同晓梦，钟山何处有龙盘。"当年建都金陵的各朝各代，到头来剩下的只是狐踪兔穴、禾黍高低，和远近不尽的官冢，无怪《桃花扇》那一曲"余韵哀江南"会"将五十年兴亡看饱"。

说起"梦"来，几乎没有人不曾做过，甚至有许多人还认为那是一种吉凶的预兆，春秋时代就有"太卜"之官，专门负责占梦，解释梦中境象。《左传·成公十年》记载晋景公屠杀赵括全族，后来梦见厉鬼向他大喊，以致受惊成病，派人去秦国请名医高缓，但医生未至，他在梦中又见到两个童子，其中一个说:"高缓是个名医,他来了,我们逃到哪?"另一个说:"藏在肓之上,膏之下,他又有什么办法。"等到高缓来了,为景公把脉,说:"病已侵入膏肓,没法治疗了。"后来景公果真发病,出恭跌进茅坑里淹死了。

殷高宗曾经做过一个梦,梦见贤臣隐于版筑,醒后派人访求,果真得到傅说,成为他的辅佐之臣,似乎许多的戏曲小说,也都以梦作为全书情节的发展线索,因此"梦"在我国的文学作品中屡见不鲜。相传清代的金圣叹甫弱冠至杭州西湖"于忠肃(谦)祠"祈梦,是夜梦见大木直立参天,无一枝叶,上立一鸟,悟为"枭"字。他批《三国》,也梦见关公送他一车黄金,"金"与"斤"谐,斤即斧斤,意谓受刑。自忖一生必无杀人获罪之事,于是放浪形骸,不图进取官事攫刑,但仍不免押赴刑场的命运,梦境之兆,有时也令人不得不信。

所以,古籍中对这一类的记载是颇多的,妇人若是梦见熊罴、苍龙,便生男孩;若是梦见了虺蛇、彩凤,则生女孩,如果梦见了太阳、月亮,就会生下富贵之子。李白的母亲因为梦见太白金星,所以为他取名"太白";岳飞的母亲则因生他时梦见天上的大鹏鸟,所以为他取名"鹏举",象征这孩子将来鹏程远大……

同时,文学家也以梦来渲染某人才思横溢的缘由:据《开元天宝遗事》的记载说，李白少年时曾经梦见自己所用的笔头生花，后来天才洋溢，名闻天下。而梁朝江淹年轻时，也曾梦见有人送他一支五色笔，从此文思晓畅，词采灿烂，后来又梦见一个人，自称是晋朝郭璞，向他讨回了这支笔，此后便再无佳句，"江郎才尽"的典故即由此而来。至于殚精竭虑，过于疲倦，往往也会造成梦境，《桓谭新论》的《祛蔽》篇说：扬雄承诏作赋，思虑勤苦，大伤元气，写好便睏伏小卧，梦到他的五脏六腑全部呕出在地，只好一一收起塞回肚子，随即惊醒，喘气恐惧，整整病了一年，这恐怕就是个人身体衰弱所致了。

谈到庄子的梦，则扫除迷信的色彩，他的梦蝶之说："昔者庄周梦为胡蝶，栩栩然胡蝶也，自喻适志与！不知周也。俄然觉，则蘧蘧然周也。"完全在说明"物化"之理，在此，庄周不必是庄周，而蝶也未必是蝶，这人生大梦之中，他可任意随物赋形，甚至不要形，我们又何须黏滞他到底梦些什么呢。"百岁光阴如梦蝶，重回首往事堪嗟！今日春来，明朝花谢；急罚盏夜阑灯灭。"这是元人马致远在《秋思》一曲中洞彻人生的警语，真可令人玩索再三。

"梦"，是一个为求书写方正之美的形声字，在《说文》中从夕瞢省声。"省"就是把"瞢"字的"目"笔画省去，然后才合为"梦"字，原意是"不明"，并无做梦的意思。真正做梦的"梦",根据段玉裁的解释,应是"寢"字,二字皆属古音第六部,后者以笔画繁复,遂不为人习用。

梦有时也可一解乡愁。试看南唐李后主被俘以后的词,岂不是常以梦境来暂时抛开一切现实的枷锁,闲空的时候,他的思绪随着梦回到故国家园:"闲梦远,南国正芳春……闲梦远,南国正清秋……""多少恨,昨夜梦魂中。""梦里不知身是客,一晌贪欢。"戏曲小说也常以"梦"字命名,如:《黄粱梦》《同梦记》《异梦记》《樱桃梦》《梅花梦》《扬州梦》《风流梦》《红楼梦》……皆是,当然,明代汤显祖的"玉茗堂四梦":《还魂记》《邯郸记》《南柯记》《紫钗记》,最为人熟知。英国大文豪莎士比亚还有个中外皆知的名剧——《仲夏夜之梦》,看过的人,相信会毕生难忘。

江湖夜雨十年灯

——说灯

灯，有时是很美的。尤其是人到了感情激越的时候，情牵于物，便深深地显示出情味来。"众里寻他千百度，蓦然回首，那人却在灯火阑珊处。"的确，人间一世有太多失落，然而，蓦然思之，不论失落是什么，却往往能在朦胧中唤回。黄山谷的"桃李春风一杯酒，江湖夜雨十年灯"（《寄黄几复》）为他唤回的是十年不见的思念；而唐玄宗夜半失眠，孤灯挑尽，却使他神凝魂销，悄然思怀于深爱的贵妃。此时此境，可知他牢笼住多少往事与感情！

说起灯，没有人会不知道，除了它是日用必需之外，还因为

"灯"与"丁"谐。过去家家户户为求人丁兴旺,门口多有"字姓灯"悬挂,灯笼上写着这户人家的姓氏,而家中若生了男孩,也必会在门口挂上一盏灯,以庆祝"添丁"之喜。一般送礼有人送灯,暗示对方官途步步高"登",由"灯"而"登",这里面蕴涵着文化复杂多面的特性,也使我们看见文化的可爱丰富。宗教方面,民间每年农历七月的放"水灯",把一座座如船一般的水灯放入河中漂流,据说如此,水中亡魂便可乘坐水灯到陆上赴宴,得获超升,因此水灯漂得愈远,便象征接引亡灵,普度众生。而日光灯、水银灯,这是现代人每天不可缺少的东西,但是这光亮逼人的灯,似乎怎么也不会令人感到诗意,唯有柔和朦胧的灯,才能使我们把空间意识转化为时间历程,去悠游那飘逸自得的心灵独立。

因此,当我们读到了孔尚任的《余韵·哀江南》中"罢船灯,端阳不闹"时,仿佛见到旧日秦淮河里妓船,每逢端阳挂着彩灯在河心荡漾的景象;而读到《长生殿》中《雨梦》一出:"今夜对着这一庭苦雨、半壁愁灯。""人独坐,厮凑着孤灯照也。"一霎时也随着明皇露冷风凉,即景伤怀。灯为我们诉说了太多聚散离合、死断生绝。

然而,灯也同样凸显、折射出典雅骀荡的心灵觉醒,翁森的"近床赖有短檠在,对此读书功更倍"(《四时读书乐》),说明

江湖夜雨十年灯

他对那一盏光明莫名的深爱,"澄澹精致,格在其中",因之交渗相融,使得他加快了阅读的节奏,辽阔地无心成化了契合与和谐广大。张继的"江枫渔火对愁眠",可以说是由渔灯浮现一层深深的忧郁或困顿,但何尝不是安顿了他的情绪与感觉,于是松懈心中的冲荡,使他闲逸悠远地眠于舟中。

即如此,灯是能够使人扬弃世俗的,不论那是天灯、银灯、孤灯、渔灯、秋灯、书灯、九技灯、雁足灯、愁灯,人终于可以借着灯烛,点燃内心的生命之火,使它们成为一盏不灭的历史之灯,甚至生命之灯,然后回归于心灵澄澈之境。而它当然也是文学之灯、义理之灯!

"灯"是一个后起的形声字,《说文》并未见著录。过去,灯是烧油的,穷人家用不起,因此才会发生晋朝车胤、孙康萤窗雪案照读勤学的故事。戏剧里有一出《宝莲灯》,讲的是书生刘彦昌上京赶考,途中遇到蟒精阻路,为二郎神之妹三圣母以宝莲灯搭救,然后二人意投生情,相爱结合,生子沈香,二郎神知妹动凡心,大为震怒,于是将三圣母押回金母(西王母)处。后来刘彦昌复娶丞相之女,生子秋儿,二子打死秦太师之子秦官保,乃前往抵命,遭人打死,却为神仙所救,沈香并以宝斧劈山救母,母子团圆。这出戏由于皆是神仙救难,故又称《神仙世界》,可算是以"灯"命名的戏特殊的一出了。此外,流

跪坐人漆绘青铜灯台

江湖夜雨十年灯

西汉・中山王青铜长信宫灯

水远山长

传民间的苏州弹词也有用"灯"为题材的《看灯》一曲：

> 来仔三十二节一条大龙灯，节节灯上亮晶晶，撑出种种花样景：叠元宝、竖蜻蜓、抢明珠、打翻身，张牙舞爪，好像活格龙！一团和气灯，二龙戏珠灯，三星高照灯，四季平稳灯，五谷丰收灯，六月荷花灯，七层宝塔灯，八仙过海灯，九节连环灯，十面埋伏，闹盈盈！……

通俗易懂，允为民间戏曲说唱之佳作。

而自古以来最有名的"灯"，当属《老学庵笔记》中所记载："田登作郡，自讳其名，举州皆谓灯为'火'。上元放灯，吏人书榜揭于市曰：'本州依例放火三日。'"此即那句俗语："只许州官放火，不许百姓点灯"，中国式的风趣幽默，值得我们莞尔会心一笑！

一曲瑶琴清雅韵

——说琴

人的一生能有一个知己就足够了,两个,就算很多,三个,那几乎是不可能的事!《列子·汤问篇》叙述俞伯牙和钟子期的故事说:"伯牙善鼓琴,钟子期善听。伯牙鼓琴,志在高山,钟子期曰:'善哉!峨峨兮若泰山!'志在流水,钟子期曰:'善哉!洋洋兮若江河!'伯牙所念,钟子期必得之。"在此,伯牙的琴艺高妙,在听觉上形成了一种深刻隽永的再创作,于是钟子期这位知音仔细指向乐音深层的内涵,掌握伯牙神采飞动的精妙处。但是,"知音难求",一场成功的艺术传达,并不是人人皆可陶融,所以《吕氏春秋》才有伯牙后来为子期之

宋徽宗《听琴图》(局部)

一曲瑶琴清雅韵

死破琴绝弦的记载,"伯牙绝弦"一典即出于此。

据说,伯牙学琴于成连的先生,而成连的先生在蓬莱山,成连与伯牙同往,既至,叫伯牙暂候片刻,由他自往迎先生。伯牙久候不见归返,近望无人烟,但闻海水奔腾,山林幽寂,群鸟悲鸣,于是怆然叹息,取琴而歌,名为《水仙操》,后来,历史上记载他的琴艺,说是使得六马仰秣。而师旷的弹琴,却以音韵上的处理,给人有冬夏不同的感觉,这都是琴奏的意境展露了心灵与宇宙的深远内涵,使琴在喜怒哀乐的交渗相融中有了隽永的内在生命。

汉朝的蔡邕,一次应邻人之邀,前往吃酒,走至邻家门前,听见里面的琴音带有杀心,于是不入而回。邻人久候不见蔡邕,于是自往问邕,说明缘由之后,弹琴的说:"我弹琴时,见一只螳螂正在捕蝉,而蝉将要飞走,我心中唯恐螳螂失去蝉,难道这样一个心情也表现在琴声中么!"由此可知,琴的确能够表现人的情绪,说明白些,也就是寄托人心中的"灵心慧意",而借着匀整的节奏给人一种超然的美感。晋朝崔豹的《古今注》记载着这样一个故事,说是齐宣王时,处士牧犊子年七十岁无妻,一次外出樵柴,见雉鸟雌雄相随,于是心中悲伤,取琴而弹,作了一曲《雉朝飞操》;而《琴操》一书也记载王昭君思乡愁怨,作了《昭君怨》,似乎每一首琴曲背后,都有一个动人心弦的故事，中国人用琴来陶融生命的弘思高情，可由此想见一斑。

汉代的司马相如是最懂得用琴音来表达自己的，《史记》本传说他以琴奏挑动卓王孙的女儿文君，以致文君窃从户窥探相如，心悦而好，当夜与他私奔。无独有偶，戏曲《玉簪记》的《琴挑》一折，小生潘必正就用了这个方法，弹曲《雉朝飞》去挑逗道姑陈妙常。而明人孙梅锡的《琴心记》写的正是司马相如弹着《凤求凰》追求卓文君的故事。文人雅士与琴渊源之深，成为生活中的一部分，是有相当悠久的一段历史了。

琴，就是古琴，琴与筝在外形上有些类似，它们同样有长形的共鸣箱。古时琴瑟并称，筝便是由瑟演变而来，可是筝有十三弦，琴仅有七弦，筝的每根弦下置有一个活动的柱，琴是没有柱的，琴只在琴身上用贝壳点出十三点"徽位"。琴长三尺六寸五分多，象征一年有三百六十五又四分之一天，至于质料，琴材以梧桐木为佳。东汉的蔡邕有次看见吴人把一块桐木拿来烧饭，他知道这是一块良木，于是要来做成琴，果有美音，而琴尾还带焦痕，因名此琴"焦尾"。目前古琴制作已濒失传，老的琴还被视为名贵无价的古董，数量不多，有些琴底还存铭文，是用来了解中国文人巧思，澄澈世俗尘埃极好的文化遗产，因为它们不仅是艺术，更是生活！

元·朱德润 《林下鸣琴》(局部)

水远山长

琴是一个象形字，《说文》谓其作于神农之时，当时只有五弦，到周代时才又加上二弦，其实，《诗经》里就有琴曲，如《关雎》《蓼莪》《驺虞》《鹿鸣》都是，目前可弹的古琴曲，虽然大约只有五十余首，像《归去来兮》《梅花三弄》《湘江怨》《阳关三叠》《幽兰》《平沙落雁》《漪兰操》《流水》，而前人所留下的古琴资料，如琴史、琴谱、指法、音律方面的书籍却是汗牛充栋。偌多的文化结晶，我们实在没理由去遗弃它，如果能由现代的整理，使失传已久的太古遗音重现那烨烨光辉，将是多令人欣喜的事！

万金宝剑藏秋水

——说剑

剑,在中国武侠世界里,往往是出人想象,玄之又玄的。许多稗史小说流传了千千万万的剑侠传奇,有时,剑能电溅星飞、舒卷风云;有时,却也静似凝光、藏若掩月,一把宝剑的神威,最能表现在它超乎自然的那股魔力上,因此宝剑出鞘,往往就逼射出一种浩气,一把光辉晶莹如霜的宝剑也能降魔除妖,潜藏无限的力量。

荀子曾在他的书《性恶篇》中提到古代名剑:"桓公之葱、太公之阙、文王之录、庄君之曶,阖闾之干将、莫邪、巨阙、辟闾,此皆古之良剑也。"《议兵篇》亦将精锐的部队比之为剑,

错金几何云纹剑

万金宝剑藏秋水

文云:"仁人之兵,聚则成卒,散则成列,延则若莫邪之长刃,婴之者断,兑则若莫邪之利锋,当之者溃。"《庄子》中的《说剑》篇将剑分为天子剑、诸侯剑、庶人剑,便是由剑道上加以区分,而赋予它们不同的精神风貌。

如果,诗文是文人生命的告白,那么,剑就是侠士生命张力的表现了。剑可以发挥一个剑士的性格、豪勇,而将他心灵极深的冲荡层逼而出,那种冷寒的晶莹中,使我们获得体认的将不是刀剑锋利的嗜血功能,而是倏忽之间,捕捉到迅速变化中惟妙惟肖的过程与生命的节奏。《历代名画记》曰:"开元中,将军裴旻善舞剑,道玄(吴道子)观旻舞剑,见出没神怪,既毕,挥毫益进。时又有公孙大娘亦善舞剑器,张旭见之,因之为草书。"在此,"剑器"是古代一种武舞,跳舞的女子扮上男装,空手而舞,并不是真的有刀剑在手,但催弦急管之中,"燿如羿射九日落,矫如群帝骖龙翔,来如雷霆收震怒,罢如江海凝清光"。无怪乎诗圣杜甫会在《观公孙大娘弟子舞剑器行》对它的节奏顿挫如此形容,而众多书法家在观舞之后,竟也由肢体语言抛出的信息,悟出肆意挥洒的规律,而酣畅于龙蛇纵横的笔意之间了。

相传,古代铸剑的权威是春秋时代的越国人欧冶子,他曾在福建松溪县南的湛卢岭上,铸成一把"湛卢剑",此后又在浙江龙泉的剑池湖山上,铸造纯钧、胜邪、鱼肠、巨阙等剑,每把剑皆是淬砺光寒,锋利无比,尤其是"鱼肠"一剑在民间故事《专诸刺王僚》中,是柄藏在鱼腹内的匕首,专诸趁着将鱼剖开的一刹那,抽出宝剑刺死王僚,而使公子光夺回政权,成为后来吴国的中兴之主阖闾。虽然鱼肠剑有人说是阖闾登基之后才命欧冶子铸造的,然而这一说法仍无法推翻深入民间、根深蒂固的英雄传奇,于是鱼肠剑便在历史舞台上有着不可磨灭的地位。

谈到铸剑,民间流传着一个悲壮的故事:吴王阖闾命干将铸剑,在冶铸的过程中,钢铁在熔炉中发生不熔化现象,干将心急如焚,却又一筹莫展,他的妻子莫邪一旁问道:"夫神物之化,须人而成,今夫子作剑,得无其人而后成乎?"干将曰:

东周铜剑

"昔吾师作冶，金铁之类不销，夫妻俱入冶炉中，然后成物。"莫邪听罢，立即跃身炉中，于是金铁熔了，两柄旷世无价的宝剑诞生，一雌一雄，雄曰干将，雌曰莫邪，也为这天地间增添了不少神秘色彩。即如此，剑往往以双剑姿态出现，据说西晋时的张华与方士雷焕，发觉常有紫气见于斗牛之间，雷焕善于观气，乃说："是宝物之精，上彻于天耳，在豫章丰城。"由是张华补雷焕为丰城令，雷焕乃掘狱基，得一石函，中有二剑，一曰"龙泉"，一曰"太阿"，当夜，斗牛间不复见紫气，后来二剑为两人各持一柄，不久张华的剑却无缘无故失踪，雷焕说："灵异之物，终当化去，不永为人服也。"雌雄双剑，终当相合。这真能说是宝剑有灵了。

因此，由剑之灵，使人联想到它是能够传达威力的，也即由此，民间流传以宝剑驱除妖魔，《淮南子》一书就提及"拔剑倚户，儿不夜惊"的说法，所以不但武侠带剑，就连一般文人也有佩剑的习惯，李白不是"长啸倚天剑",而屈原也"带长铗之陆离"吗?相传曹操还拥有"倚天""青虹"二剑,一世英雄,由之更看出他生命内具的飞扬性质,无怪寰宇定乎其手!

剑是一个形声字,在《说文》中指的就是人随身所携带的兵器,也有人指匕首一说的,不论其事如何,但足见当时人们佩有刀剑是极普通的事情。

而最令人能够感悟深思的剑,当数春秋时代吴国季札挂于徐君墓树前的那把剑了,生前的以心相许,绝不因死而稍有移异。你可由这剑看出中国人重情、重义,以及不惜一切,至情只酬知己的心情,虽已离我们两千多年,然则却一点也不遥远,因为那正是我们所怀想的心灵之剑!

传灯续火不寒食

——说火

一般人对铄石流金的火都有恐惧感,因此像"水火无情""星火燎原""杀人放火""漫天烽火""飞蛾扑火""野火烧不尽,春风吹又生"的说法屡见不鲜。而《说文》里叙述火的本意就是毁灭。其实,火除了这些,也为人类带来了亮度温度,在寒夜更深,围炉夜话或围着营火时,熊熊火舌给人的感觉必定是一种独特的温暖;而在万籁俱寂的夜里,燃上一支蜡烛,又或许使你随着柔和摇曳的烛光,走入一个深邃的世界……

在祭典中,当烈火吞噬一座燃烧中的王船,纸灰飞扬,热气氤氲带着万千信徒的心愿升天远去,人们不会为价值昂贵的王

水远山长

船心存丝毫惋惜，原因是它早已随火光幻化成维系人心的民间信仰。而穿梭于庄严宝像前焚香膜拜的善男信女，焄蒿凄怆，那香火缭绕正传递他们喃喃不断的祈求憧憬，当香烟缓缓升起的一刹那，人性也就完全寄托安顿其中！

如果我们承认生命的意义必须审视精神上的薪传，《庄子·养生主》所说的"指穷于为薪，火传也，不知其尽也"，则是我们在这纷杂万象中应有的怀抱。因为，生命历程的短暂一如泡影，弹指间生死荣枯，瞬间寂灭是极自然的现象。个人生命里怦然心动的故事，在人间却寻常微弱得激不起丝毫涟漪，因此，唯有"传灯续火""薪尽火传"才是生命繁衍的本象，也才是一个民族能够历久弥新的汩汩生机。

远古时代，人类就已知用火，燧人氏不过是个代表性人物，由于燃烧火炬可以传达信息，所以广泛运用于军事方面。话说西周末年，幽王为求皇后褒姒一笑，放起烽火，诸侯以为京城出了乱子，一个个率领部队赶至，狼狈不堪，褒姒拍手大笑，幽王却大为高兴，但因此埋下了国亡被杀的祸根。到了春秋时代，晋文公为寻找昔日与他流亡海外的老友介之推，放火焚烧绵山，不料却烧死了隐居其中的之推母子，悲痛不已，后人感叹介之推的遭遇，便在这一天禁止举火，以为纪念，谓之"寒食"。战国时，齐人田单以火牛阵攻陷燕军阵地，大获全胜，从而光复

水远山长

清·乾隆珐琅彩百子图瓶（局部）

国土，宋代人发明火药，蒙古就借此西征，将此一重大发明传至欧洲，开启近代人类科学进步的序幕。这都是有关火的耳熟能详的典故。

　　火是光明的，同时也是璀璨美丽的。如果同时用许多灯火悬挂造成一片灯海，发出耀眼的灯明火彩，构成的将是如何壮观的景象！据说唐代睿宗皇帝是一位非常铺张的君主，每年正月十五元宵节晚上，必定扎起二十余丈高的灯树，上面点起五万多盏灯火，号称火树，诗人苏味道《正月十五夜》诗所谓"火树银花合，星桥铁锁开"就是形容当夜这一美不胜收的辉煌景象，于是"火树银花"一语便拿来说明繁华闹市灯火灿烂的情形，可谓最恰当不过。而白居易在《忆江南》里描写江南风景"日出江花红胜火"的丽词美句，则更能使人心头油然相接于自然界这一片生意热闹，久久不能忘怀。

　　火也能指抽象的意念，例如一个人极为愤怒，可称其"火冒三丈"；说快速，则有"火速赶至""急于星火"；一个人做事过于偏离本分原则，就称为"过火"；太阳极为炽烈，谓之"火伞"；东窗事发，就叫"纸包不住火"；而迫在眉睫，亟须处理就叫做"火烧眉毛"。其余以火命名的事物亦复不少，例如火鹧鸪鸟、食火鸡、火焰山、火烧岛均是。

　　当然，描写两个人如胶似漆或至情深笃也能以火来形容。元

传灯续火不寒食

明·张宏 《琳宫晴雪》

水远山长

代有个大书画家赵孟𫖯的夫人管道升笔意脱俗，才华洋溢。某次，赵孟𫖯欲纳小妾，乃以诗词寄意试探，不料管夫人见后，遂也作一首词答之："尔侬我侬，忒杀情多；情多处，热似火；把一块泥，捻一个尔，塑一个我。……我泥中有尔，尔泥中有我。"而昆曲《孽海记·尼姑思凡》中的小尼姑更是在长伴青灯，寂寞难守，看见人家夫妻双双对对时，也唱出"不由人心热如火"，想逃下山去寻一个少年哥哥！

火是一个象形字。火神的名字或谓祝融，或谓回禄，佛典之中，亦有佛祖圆寂后，纳于金棺而发出的"三昧之火"，至于人的生理上亦有所谓的"火气"，一般而言，这种生理上的现象多半是由于生活习惯失调与疲倦引起，只要注意调息就能痊愈。

最后，要提到的是一则火印的故事，民间流传唐朝的韩愈因谏迎佛骨而贬谪潮州，当行至蓝关时，因适逢天降大雪，马也因寒冻不堪，倒在地上，此时韩公侄孙韩湘子及时赶至，立刻施展法力，在马的前腿内侧打上一个火印，于是马立刻站起，继续将韩公送往潮州。从此，每一匹马都有这个火印的标记，再也不怕天寒地冻的天气，而能在雪地中行走。中国人对传奇人物的随形赋彩，使得人们感深意远，真可说得上是亲切可爱！也使得浸润其中的我们，至感兴味盎然。

照见万象知古今

——说镜

镜子用于端正仪容,有时也用之避邪。自古以来,少有人会说不知道镜子,因为,它的确与人有极为密切的关系。举凡颂祷、酬酢、馈赠,镜都扮演了重要的角色,而且,镜也反映了中国神话故事种种多彩的一面。

相传,男女一般以镜相赠,除了表明心迹,也盼望对方在临镜自照时,想起昔日出双入对的种种,所以古诗词中不止一次提到。试看许棐的一首乐府,便以女子临镜比喻相思之苦:"妾心如镜面,一规秋水清,郎心如镜背,磨杀不分明。"这首诗,除了对比出男女爱情态度的执著与不屑,也道出男子辜负女子

一片相思，致使女子忧郁萦纡、摧肝折肠的一腔幽怨。清澄真切的心意竟换不得对方肯定的回应，而任凭如何磨拭，也模糊得照不出形相，于是，盼念就成为一种令人难耐的愁闷，而这一段单方面的恋情，便陷入无法挽回的失落。

其实，磨拭并不是唤回明净光亮的途径，如果它的本质并非澄澈，那么，一切努力均是惘然。这使人想起了禅宗五祖弘忍传法的两个弟子神秀、慧能，他们一示"心如明镜"，必须时时勤加拂拭乃能垢去镜明；一示"明镜非台"，只要心境静定，万尘不沾。而这也说明了镜面自是镜面，人的根器禀赋亦有不同，若

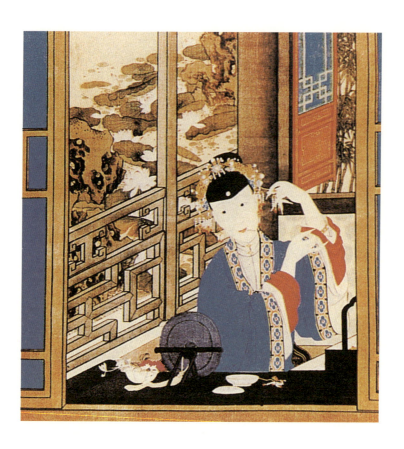

清·仕女画

能五蕴皆空，妄念不起，又何尝用得着拂拭呢？

但是，世间泥文拘字的人比比皆是，悟道未透，有相无心的人正复不少，于是便无所谓的明镜，对所见不能来去自由，纵使万般修为，也不能够去伪存真，这便因其方寸只是镜背，并非镜面所致！

男子也用镜，但所照的却不是相思，而是逝者如斯的悠悠岁月，在此处，李白的"高堂明镜悲白发"与杜甫的"勋业频看镜，行藏独倚楼"都看出了人生无法逃离感伤的色彩，甚至烦恼填胸，所以才会频频看镜，企图寻索失去的旧忆。然而，悲感万端的原因乃在于人类一再想超越现世，可是白驹过隙，忽然而止，人还是依然故我，除了换来微不足道的虚荣，又有何得呢？

所以，李商隐的《无题》诗："晓镜但愁云鬓改，夜吟应觉月光寒。"任凭一种莫名的愁思在寒夜的空气中扩散。但冯正中的"日日花前常病酒，不辞镜里朱颜瘦"却以闲逸痴心于酒的一股迷情，予人一种仍在追求最爱的执著，同样是镜，但每个人的着眼点不同，背景不同，由之就可分析个人的身世性格。于是，当秋风再度吹起，刘禹锡就在《始闻秋风》中一发"五夜飕飕枕前觉，一年颜状镜中来"的感慨；而也惟有经历战火的放翁，才能一抒"塞上长城空自许，镜中衰鬓已先斑"这种盼

晋·顾恺之《女史箴图》(局部)

东汉·云雷连弧纹镜及龙纹镜台

望王师北定中原的心情,在千古以下捧读,仍使我们觉得字里行间焕发无限悲愤!

  镜子象征团圆,南北朝时,陈后主的妹妹乐昌公主,才貌双全,嫁与太子舍人徐德言,由于时局混乱,朝不保夕,于是夫妻两人将一铜镜劈为两半,各持一份,相约失散之后若干年的正月十五,于市上访求对方下落。后来陈朝果真灭亡,二人在兵慌马乱中失散,乐昌公主为隋朝杨素所得,而徐德言辗转流离,乃得到达京城。这年元宵节,一位官府仆人在街上以高价贩卖半面铜镜,德言拿出另外半面与之相合,可是当他知道妻子已经为人所有,不禁感慨万千写下悲怆的心情:"镜与人俱去,镜归人不归,无复嫦娥影,空留明月辉。"后来杨素得知此事,便将乐昌交还德言,这就是"破镜重圆"典故的由来。

  而戏剧之中,还有一出在福建、台湾流传极广的《荔镜记》故事,是说宋代泉州书生陈三,送嫂至广南,途经潮州,元宵之夜出外赏灯,遇黄碧琚(五娘),互生爱慕。后陈三由广南返,适逢五娘与婢益春登楼眺望,五娘便投荔枝手帕与陈三。陈三乔装为磨镜师,故意打破宝镜,入黄家为奴,与五娘定情,但黄父已将五娘许配林大,林大逼亲,于是陈三偕五娘、益春出奔,追求爱情的自由。这出戏,又名《陈三五娘》,在过去礼教森严的时代中,一度被视为淫秽败俗,遭到禁毁,其实,许多事情

清·黑漆金镜奁

照见万象知古今

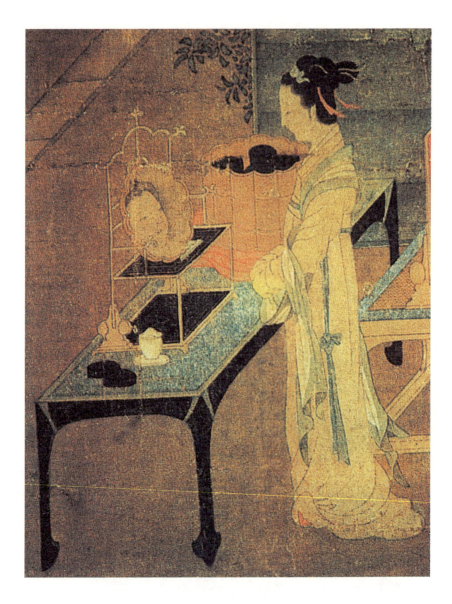

北宋·王诜 《绣栊晓镜图》(局部)

水远山长

元·梅花仕女

照见万象知古今

我们不能以俨然专家的心态干涉,否则,文化是会受到极大破坏的。

相传,镜能避邪。《太平广记》卷二三〇,有一则《古镜记》的小说,说隋朝大业年间的王度于侯生处得到一面"百邪远人"的镜子,降服了老狐、老猿,并使王度任官芮城令时,境内太平。而镜是光明的,为官清廉、断狱精明的官吏,就有一句"明镜高悬"或"秦镜高悬"的成语用来形容。"镜花水月"是一句形容诗句意境空灵的话,但也有用之于虚幻之意的。最是描写美妙、令人惊叹的,则属昆曲《牡丹亭·游园》"没揣菱花,偷人半面"的句子,传达出一种细致优雅的少女情怀!

镜是一个形声字,本字为"鉴"。镜子可以照见种种,历史正是一面最好的镜子,可以鉴往知来;而朋友也像一面镜子,从朋友身上,人往往可看见自己负面的种种,唐太宗的那句话说得好:"以铜为镜,可以正衣冠;以古为镜,可以知兴替;以人为镜,可以明得失!"所以魏征殂逝,太宗思念不已,君臣深厚之情,由之可见。

最后,要提及一则民间有关镜的习俗,《红楼梦》第五十六回中有"小人屋里不可多有镜子,人小魂不全,有镜子照多了,睡觉惊恐作胡梦"的说法,中国人由镜能避邪而产生的禁忌,可以说得上是极端质朴与可爱了。

含情疏雨有声诗

——说雨

雨是可听、可看、可寄托的。迷濛浑括的雨景和淘洗过的大地，往往可以使人触发无数灵感。在中国文学的世界里，也出现过无数以雨为题材的作品。

听雨，是种独特的生活感受，不同年龄的人听雨，体悟也会有浅深异同：

> 少年听雨歌楼上，红烛昏罗帐。壮年听雨客舟中，江阔云低，断雁叫西风。而今听雨僧庐下，鬓已星星也，悲欢离合总无情，一任阶前点滴到天明。

南宋·李迪 《风雨归牧图》

水远山长

对景思情，物我合一，然而它却觑破了少年对生命的浪掷和漫不经心的态度；也透露一个老者对所剩无多时光的沉思无奈，那该是一种多么千回百转的心情！

而一个人若是心事重重，也会特别将雨抹上一层感伤色彩："船底江声篷背雨，旅人听得最分明！"这是一个漂泊异乡的游子在极端的空虚寂寥中无法排遣所引发的感受。在秋风秋雨中，白昼秋蝉，夜晚寒蛩的鸣叫，无一不助长人心的悲切，所以关汉卿才会在他的小令曲中被"淅零零细雨洒芭蕉"伤怀得"扑簌簌泪点抛"。至于唐玄宗对贵妃的思念，更是将潇潇乱雨视为一场噩梦，《长生殿·雨梦》那"冷风掠雨战长宵，听点点都向那梧桐哨也"，生命悲情凝结为一种时空的压缩感，瞬间一切人事均成为遥不可及的渴望与怀念，所以声声点点的雨仿佛就在他的枕边敲得他无法逃离痛苦的阴影。

原来，雨声就是扰人的。"往事低徊风雨疾"（王鹏运《满江红》），这种挟着万马奔腾之势突来的狂飙疾雨，听之真令人内心波涛起伏，久久不能自已。而孟浩然的"夜来风雨声，花落知多少"特别能说明在一场暴风雨后，人们对万物感慨情深的程度。

看雨，则是另一种情调。这眼前的雨，有些倾盆如注，有些如牛毛花针纷飞曼舞。

"对潇潇暮雨洒江天,一番洗清秋。"面对漫天翻飞有致的雨,你能无丝毫心灵的颤动?多少烟雨中的楼台为你诉说的不仅是时光流程,而是画意哲思。"东边日出西边雨,道是无晴却有晴",借着迷离的雨,隐含情爱的双关。在空濛雨景中,尤其是天际一弯乍现的彩虹,更是你与自然一道同心的便桥。虽然,渭城的朝雨,曾使人唱遍无数的阳关送别;潺潺的帘外雨,为李后主诉说春意阑珊的信息;霏霏的霪雨,则使得登上岳阳楼的范希文有去国怀乡、感极而悲的凄怆,但是,在雨中漫步,体会到"沾衣欲湿杏花雨,吹面不寒杨柳风""雨丝风片、烟波画船""斜风细雨不须归"的人,亦不在少数。

因此,雨的本身就是一种美,端看你如何赋予它生命。春雨贵如油,农人盼雨的态度与心情是一种大旱望云霓的迫切。而身在烟水迷濛,一堤花柳的西湖,才会有东坡居士"山色空濛雨亦奇"那种挣脱一己牢笼,与大自然携手同行、融入永恒的佳句出现。在西湖畔,更有动人心弦、深入人心的《白蛇传》游湖借伞的故事,传流千古。

雨也是可寄托的。"怒发冲冠,凭栏处,潇潇雨歇。抬望眼,仰天长啸,壮怀激烈……"这是岳武穆满怀无限的悲愤与收拾旧山河的素志宏愿。"风声、雨声、读书声,声声入耳;家事、国事、天下事,事事关心。"一个昏晦的时代,这一段话给我们的启发又是如何？古人云："风雨如晦，鸡鸣不已！"在悠悠长远的历史中，仁人烈士所曾经历的风雨环境，和乱世中"众人皆醉我独醒"的襟抱，正是今天许多青年欠缺的人生理想与信念。

"最难风雨故人来"，只有友情深厚，才有这样浓烈而不消退的执著。本来，在我们的生命中就该万般珍视旧有，这样的生命才是永恒而悠久，才会显得更有意义与深刻。

雨，是一个象形字。在《说文》中指的是从云端落下的水珠子。一种极其寻常的自然现象，却成为古往今来无数作品中的题材与寄托，甚而使人悟出整副生命运作的道理。感受殊异气氛时也不能离开雨："姑妄言之妄听之，豆棚瓜下雨如丝。料应厌作人间语，爱听秋坟鬼唱诗。"《聊斋》中的雨，似乎永远都与"鬼"连在一起，而令人冷凝阴幽，不知不觉感染了灵异世界的气息。

最后，要提到自古以来最有名的"巴山夜雨"。四川的雨，大都是夜里才落，天明则止，雨的征兆也特别，"山雨欲来风满楼"，一夜之中，深山万壑流泉百道，竟是惊心动魄的大意境，也无怪乎李商隐的那首《夜雨寄北》能脍炙人口，在文学史上不朽了！

待得鹊桥年年渡

——说桥

南宋·张择端《清明上河图》（局部）

南宋画家张择端《清明上河图》里有一座横跨两岸的大桥，那座桥弯弯的，很像彩虹，也建得雄伟。

在中国古典庭园的造园艺术中，桥的实用性远不如它呈现在复杂多样楼台亭阁里的观赏性和美妙感，而在中国的山水画上，桥也往往从画面中带出一股"山居之意裕如也"的悠闲和"山静似太古"的意境！野桥寂寞，遥通竹坞人家，这条小桥的迹辙委婉可观，也即是画者对整幅画面风格的点染之处，随着这段行程导引的方向，整体性的主题思想便有了辽阔的拓展。

"清江一曲柳千条，二十年前旧板桥"，在这首刘禹锡的诗

待得鹊桥年年渡

中,桥跨越的是悠悠的时间历程;而温庭筠的"鸡声茅店月,人迹板桥霜"所传达的构图更是鲜明简练。

除了这些木造的板桥,我国以前许多的"飞桥"多半都用石头砌成,所以有"隐隐飞桥隔野烟,石矶西畔问渔船,桃花尽日随流水,洞在清溪何处边"之句。然而不论木造或石造,它总是在亭台水榭的交相映衬下宛转多姿,加上蔽荫迎风,这小桥流水给人的感受往往就是一种永恒,这时候,一个人的心可以大大地开阔起来,然后又再静静地定下来,桥对洗涤心魄,是可以有如是效用的。

因此,桥有它的实用性,更有其观赏性。桥在用途上当然是用来沟通的,人云"修桥补路",这是有形的桥。但是,人与人之间也有一道无形的桥,这座桥扮演的是心灵与心灵的沟通,使得彼此没有隙裂和距离,而相互的交融且致乎一体,语言、文字、艺术,均是这种媒介物,由于"心桥"的灵通,人与人之间取得真正的生活意趣,并不仅止于表象而已。

当然,桥也成了对历史、人生感喟的媒介。一个诗人在放平心情体察宇宙万象时,便会静静观照四周,而从其中纼绎某种不可穷尽的沉思,凝成一份不变的牵系或升华:"朱雀桥边野草花,乌衣巷口夕阳斜。"这是刘禹锡对旧日权贵中落覆灭的慨叹,而姜夔"念桥边红药,年年知为谁生"则借着桥边绽放的花草,

明·李在《圯上授书》

与流转无常的生命历程做了一个意象鲜明的比照。至若晏小山"梦魂惯得无拘检,又踏杨花过谢桥",古人送别的灞陵桥,马致远"小桥、流水、人家",甚至张继会将诗名定为《枫桥夜泊》,无一不有蕴藏在他们诗句后面的心情。

　　传说,天上也有桥,那就是七月七日牛郎织女相逢的鹊桥。虽是一年一度在喜鹊搭成的桥上相会,但这个故事却看出中国人对于"有情人终成眷属"一种积极的关切,更明示中国人对人生患难那种不畏折磨和承担生命悲苦的勇气。众多神话告诉我们绝不止是人生相,而种种添加于故事中的色彩,也无一不折射出足以启发我们的深层内涵。

此外,民间也流传一则信守诺言、死于桥下的故事。《庄子·盗跖篇》记载:"尾生与女子期于梁下,女子不来,水至,不去,抱梁柱而死。"后世戏曲于是发展为《蓝桥会》与《七世夫妻》的故事形态:叙述韦燕春为金童下凡,贾玉珍是玉女投胎,一日,二人相遇,一见钟情,遂约至蓝桥私订终身。是夜,韦郎期于桥下,风雨大作,竟淹死桥下,女后至,见韦郎为己而死,亦投水而亡,二人灵魂升天,即为第六世夫妻。

而秦代末年,豪杰起义抗暴,韩人张良在博浪沙行刺秦皇帝不成,隐姓埋名逃去,匿于下邳,有一回散步,在桥上遇见圯上老人,老人一连三次将鞋丢在桥下命张良拾回,为其穿上,考验他的耐性,最后送给张良一本兵书,而使张良成为一代英雄,北方评书里的《张良三纳履》说的就是这个故事。

桥,是一个形声字。《说文》指其本义为水上梁,梁即桥梁,在古往今来的岁月中,桥不知沟通了多少事务,而其各擅殊态的形式,亦是不胜枚举。此外在我们的生活周遭,还有许多与"桥"有关的典故,均是耳熟能详,有人说:"我过的桥,比

清·王翚《夏山烟雨》

你走的路还多！"这种口气，很骄傲自负，它的背面就是无知空泛。也有人说："你走你的阳关道，我过我的独木桥。"这种话似乎表现了此人一向独来独往，很有自己的想法做法，然而在人群社会不与他人和谐相处，亦是有所偏差。

　　当然，做人处事还该讲求厚道，千万不能对自己的朋友做出"过河拆桥"的事来，否则，别人认清了你的真面目，下回就再也不帮助你了！

待得鹊桥年年渡

梨花一枝春带雨

——说泪

泪,是一种情绪的寄托,心思的反应。有人说:母亲的泪最珍贵,而情人的眼泪最美,泪的背后,时时也会有一个动人心弦的故事……

话说西方灵河岸上三生石畔,曾有绛珠草一株,日日受神瑛侍者甘露之惠,方得久延岁月,后来神瑛侍者下凡投胎,绛珠草便发下誓言随其下凡:"但把我一生所有的眼泪还他,也偿还的过他了。"引出了林、贾一番动人的爱情,这便是《红楼梦》里黛玉对宝玉爱得深切、刻骨铭心的泪。

巡着夕阳中的满城春色宫墙柳,唐琬与陆游相逢于南宋时代

林黛玉

梨花一枝春带雨

沈园的一角,瞬间,无岸的桨声萦系了他们整颗心,几年离索之情,道出了咽泪装欢的爱情悲剧故事。"伤心桥下春波绿,曾是惊鸿照影来。"这是怅然之极的一种无奈,在这么美的季节里,为什么唤起了破灭的一段伤心?一款流曲,当《钗头凤》的乐音在耳畔响起,相信你必然也会为这对离异恋人相见低语时的深情一掬同情之泪。

水远山长

项羽

渐渐零零,一片凄然心暗惊。遥听隔山隔树,战合风雨、高响低鸣。一点一滴又一声,一点一滴又一声。

昆曲《长生殿》里,唐玄宗对逝去的红颜哭得回肠百转,点点声声迸断肠,泪水勾出了死亡的凄凉,在茫茫广袤的天地中,人天永隔实在太遥远了,无怪乎他会在《哭像》那一出里,

梨花一枝春带雨

"把哭不尽的衷情"和贵妃"梦儿里再细讲"。

本来，生死永别就是凄怆的，如果又加上亡国之恨、身世之叹，那就更令人同情。春秋时代有一位息夫人，国亡遭掳，被迫成婚，但始终不开口向楚王说一句话，"看花满眼泪，不共楚王言"，满眶的泪水说明了她怀念旧日息侯的恩情，因此以不说话来做无言的抗议，自始至终有她坚持的原则。一个历经沧桑的人无奈无依，在忍辱偷生中所感受与承担的人生孤愤，又该是如何沉重！

因此，泪是寂寞的告白，当一个人寂寞，感觉到自己空无一物，生命有限，但茫茫人海，却无一人领会时，莫名的悲哀油然而生，陈子昂"念天地之悠悠，独怆然而涕下"，正是由这种历史观照引发内心的感伤，他对整个宇宙的感受毕竟不能麻木无感。"古来圣贤皆寂寞"，当项羽兵困垓下，手中只剩残兵千余，他体悟英雄事业原只是浪花泡影，人生成败原来不是由自己力量就能决定，于是在这英雄末路的时候，夜饮帐中，唱出"力拔山兮气盖世，时不利兮骓不逝，骓不逝兮可奈何，虞兮虞兮奈若何！"的悲愤，泣数行下，悲壮凄惋。英雄本无泪，项羽之所以会怆然挥泪，即是一种哀恸志不得伸与心绪的悲怆。从这里，我们也看出"英雄有泪不轻弹"的矜持，似乎就是古往今来英雄人物与常人最大的不同之处！

所以，泪是不应该随意抛洒的，你一定要在心灵上有万般激荡时，才能哭、啜泣、流泪。"临表涕零，不知所云。"这是诸葛武侯在出师北伐之前呈给后主刘禅，寄望汉室中兴的一片忠诚，这是忠臣之泪。"衔哀致诚，言有穷而情不可终"，这是韩愈祭他的侄儿十二郎的句子。"哭汝既不闻汝言，奠汝又不见汝食，纸灰飞扬，朔风野大。阿兄归矣！犹屡屡回头望汝也！"这是袁枚对自己妹妹不尽的怀念与友爱。"感时花溅泪"是诗圣杜甫对时局的感发。而丘逢甲在《春愁》诗里说的"春愁难遣强看山，往事惊心泪欲潸。四百万人同一哭，去年今日割台湾"最能看出孤臣孽子怀念故土的深情。

泪，像极了断了线的珠子，像雨，又像涌泉，在历史上，有离别的泪、怀乡的泪、辛酸的泪、感身世坎坷的泪，也有凭吊伤感的泪。"故园东望路漫漫，双袖龙钟泪不干。马上相逢无纸笔，凭君传语报平安""执手相看泪眼、竟无语凝噎""泪眼问花花不语，乱红飞过秋千去"都是脍炙人口的佳构，而白居易"江州司马青衫湿"尤能传达作者官贬闲职、郁不得伸的感慨！

泪，是一个后起字，在《说文》里，它的本字是"涕"字，因此早期的文学作品所见皆为"涕泗"之类的句子。在古往今来的历史岁月中，不论是圣贤能士或贩夫走卒，在他们的生命过程中，都曾有流泪的经验，有人留下了晶莹辉闪的泪水，而给予后人回肠荡气的启示，而你我是否也该真正触及生命本质，将之化于笔端之下。

最后，要提到一种特殊的泪，《述异记》中提到古代的鲛人"其眼能泣，泣则出珠"；《记事珠》并云："鲛人之泪，圆者成明珠，长者成玉箸。"中国式神话的优雅美妙，值得我们深思再三。

痴情只可酬知己

—— 说痴

人生是一连串的成长，有痛苦，才能长大。小时候，我们只会和玩伴青梅竹马，心思很是单纯，然后渐渐长大，知道流汗播种的人最后才有收获。这时，成长就是一种经验了。

成长就好比石缝中的花草，石头是那么坚硬，但是花草仍然挣扎而出，去寻求头顶上的一片天空，而我们的生命历程，不也往往就像这个样子吗？有时候，我们也要求自己的生命里有更多完美，可是这些完美的背后，却又必须经历一连串的磨难苦痛，必须付出足以令人惊心动魄的代价。如果，一个人甘于付出这些代价，甚至毫无顾忌地去爱去恨，那么，这便是一种承

水远山长

担悲苦的执著，也就是一种痴情。

其实，世间最庸俗不过的就是情，困于庸俗的情，就不能够提升自己。但是，如果你明知这个道理，却还要陷于其中，不断深入，被一股莫名的力量牵引着，不由自主用自己生命的所有作为赌注，去换取肯定的理想，无怨无悔，那么，情也可以升华为至高无上的情操，不再是俗不可耐的俗情了。

话说在《红楼梦》第一回里有首《好了歌》，说到世间种种痴情，也明示出人们最难忘怀这些，内容分为四段：

世人都晓神仙好，惟有功名忘不了，古来将相在何方？荒冢一堆草没了。（其一）

第一段说的是人们忘不了功名富贵、王侯将相，可是到头来，将相也仅是人生的一场空幻罢了！接着，歌这么唱去：

世人都晓神仙好，只有金银忘不了，终朝只恨聚无多，及至多时眼闭了。（其二）

次段说人们忘不了财富，一辈子想尽办法赚取，可是，生不带来，死带不去，钱多又如何呢？当两眼一合，能带得走吗？

明·仇英《仙山楼阁图》

于是，歌便这么唱去：

  世人都晓神仙好，只有娇妻忘不了，君生日日说恩情，君死又随人去了。（其三）

  最后，《好了歌》道出了人生无奈的一面：

世人都晓神仙好，只有儿孙忘不了，痴心父母古来多，孝顺儿孙谁见了！（其四）

　　这里，歌词点明传统中国人"养儿防老"的观念是不牢靠的，而娇妻美妾、功名富贵，也仅是生命历程的"雪泥鸿爪"，因此，一个人如果执意要痴心在这偌多金钱、地位、美妾、儿孙的追求上，便会有挥不去的愁，也将陷入无止无尽的空幻轮回，永远没法摆脱人生世事所带来的种种失落。似乎，一个人不该痴心于这些将会化为乌有的世间法相；而所关怀的也不该只是庸俗不堪的情，而应痴心于另一种较崇高的理念追寻，至少，若能做到"衣带渐宽终不悔，为伊消得人憔悴"，俗情才会化为痴情，也才将有一段鲜明、真实的感受，让人们看出你所痴心的，便是操持你人生的那股力量。

　　而在历史上、文学上，有许多痴情的例子。有人痴情于自然界的美景，用天真烂漫的赤子之心和活泼鲜明的个性，为自然谱出一个浪漫境界。宋朝的林和靖就是这么一个例子，他在西湖孤山种梅养鹤，梅妻鹤子，成为他终身的伴侣，他是一个标准的"梅痴"。此外，《今古奇观》里，还有一位嗜花如命的灌园叟，栽花种果，平日寻觅奇花异草，只要遇见卖花的有棵好花，无论有钱没钱，一定买下，甚而脱了身上衣服典当了去买。他小心呵护每一株栽下的花草,清晨傍晚,逐一灌溉。若有花将开,不胜欢跃,他会暖壶酒、泡壶茶,向花深深作揖,先行浇奠,口称"花万岁"三声,坐于其下,以石为枕,自半含至盛开,未尝暂离。花若谢,则累日叹息,常至堕泪,将枯叶装入净瓮,深埋长堤之下,谓之"葬花"。园中之花,从不修剪,故茂林深树,不少鸟雀在此住下。"小小茅屋花万种,主人日日对花眠。"这种痴,痴得可爱极了,因此,人们都称他是一个"花痴"。而《红楼梦》中,林黛玉更是将飘落的桃花葬于园中,筑成一堆小小的花冢,感花伤情,诉出了"尔今死去侬收葬,未卜侬身何日丧,侬今葬花人笑痴,他年葬侬知是谁"的句子。她对生命的感伤,对宝玉的情,缠绵婉转都由这些句子毫不掩饰地感慨而出,这正是林黛玉心中一种长存永在的惆怅,也是痴情之所以感人心灵最主要的原因了。

痴往往是一个悲剧。然而,痴情的人明知这是一个悲剧却仍不逃避,也不随意放弃这一原则。"嫁得瞿塘贾,朝朝误妾期,早知潮有信,嫁与弄潮儿。"这是唐朝诗人李益笔下的痴情。"日日花前常病酒,不辞镜里朱颜瘦。"冯延巳在《蝶恋花》中抒发不惜自己逐渐消瘦,只牵系于是否能从春景中寻找回忆?而王逢原的"子规夜半犹啼血,不信东风唤不回"更借着子规的啼叫,将痴情发挥得淋漓尽致!

痴情只可酬知己

痴是个形声字，在《说文解字》当中，它的本意就是不聪慧或不机伶的意思。我们可这么说：任何一种择善固执的抉择，明知那将是一出悲剧，但也要轰轰烈烈去做。人生是一连串的盼，谁不想有一股希望出现？可是在盼望中，你若仍然选择了原有方式，知其不可为而为的做法，你很傻！然而，这就是痴情。《孔雀东南飞》里，刘兰芝与焦仲卿的殉情是一种痴；屈原将自己的归宿选择了汨罗江，也是一种痴；而林觉民在《与妻书》当中，一再提及真正不能忘记心爱的妻子，却又无法将列强瓜分中国的悲愤置诸脑后，最后选择了慷慨就义，又何尝不是一种痴呢！

痴情，不是随便可以付出的，也不是随随便便可以给人的，有人说："至情只可酬知己。"是说我们只可对知己付出自己唯一的真情，那么，痴情呢？当然也只能对自己所肯定的人与事付出了。

白头惟有赤心存

——说心

"人心不同,各如其面",每个人都有自己的心境、自己的想法。而就成长的历程言,每一成长的阶段也会有不同的想法心态。因为,我们毕竟只是个凡人,平凡的人,就会徘徊在凡俗世事不能自拔,心情也将随痛苦彷徨起伏不已。也许在这世上只有两种人最幸福,一种是真知灼见,一种则是不知不觉,因为,他们的心念往往可以接近单一不变,而平凡却又自认为聪明的我们却无法做到这一点。

人的心,就好像一种"影子哲学"。一个人可以同时拥有好几个影子,但却只能有一个定点:你可以浮现许许多多的念头,

明·陈洪绶《玩菊图》

但只能专注于一件事。毕竟，心只有方寸之大，若是不先静定下来，又如何能由小见大，去开展一片清朗呢？因此，不论我们是用走马观花的心态浏览，抑或体贴入微的观察，都必须以心接触，才会产生烈响震慑，或是圆融平静，不同涌现的心境情感："伤心桥下春波绿，曾是惊鸿照影来！"这是桥下微漾的碧波，引动了陆游感旧伤怀的心绪；而"客心已百念，孤游重千里"则叙述任何一个异乡作客的游子，无法压抑心中纷然交错的滋味，千百种情绪杂沓而来，甚而负荷不了。

但是，不论是震慑也好，平静也好，境界仍没有达到一个超脱的程度，一个有心人所见到的种种世象，就已带进了他的个人色彩，显示了自己的性格，谁又能真正做到庄周那种"心斋两忘"的摒绝万缘呢？然而换个角度，我们也不必过于苛求，毕竟在这世上的人，谁也不能离群索居，或无视于人间官场种种的升迁变化。即如庄子，他也已经落入言筌，不是彻底的道家人物，真正有此境界的，是庄子之前那些已隐没的哲人。

因此，陶渊明的"何不委心任去留"表现的只是百无一用是书生那种远避官场的心情，甚而说，是他努力寻求安顿自己的一个起点，之后他才真正成为庄子思想的实践者，在人格风格上被后代推崇为清风孤介的代表人物。所以，要走入渊明这样一个修养层次亦非易事，如果没有相似的心态，绝不能达。就像寒山子的那句偈语："君心若似我，还得到其中。"告诉我们，超凡入圣，人人可得，但若是没有彻彻底底涤尽俗尘，修道就只是一条永不能得的痛苦之路，也就是无止无尽的苦海！

所以，心是超脱抑或执著，全在能不能体悟。禅宗祖师在接引来学的时候，多由无形无相、雨棒雷喝中石火电光，顿时变妄成真。而无因缘开悟的人，任凭如何寻觅，也是索解不得。"心有灵犀一点通"只有在毫无凝滞的无意间突然闪现，如果硬要立意求谛，恐怕只会被人讥笑"千载系驴橛"，而永无豁然贯通的日子了。

心是创造的源头，一举手、一投足，都代表着人心中的所思所想："心动于内，则形变于外。"如要使自己成就一个完全的道德理想规范，

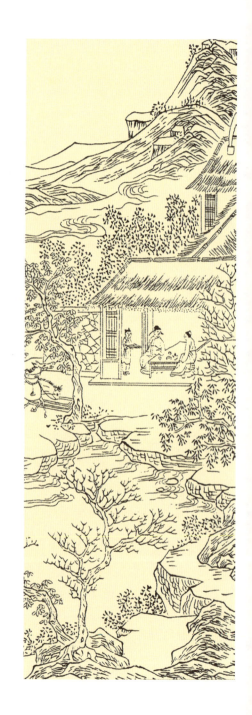

修身养性的工夫不能不做；如要使自己与众不同，独具一种特别的风格，明心领会的悟力与心力亦须厚实。因为，修身养性才能安顿心灵，做到了清心寡欲、宁静致远，就将有"心如止水"一般的境地，显示至善至美的道德，而有领会的悟力与心力，方是驰骋纵横、来去自如的基本条件，也才能够"别出心裁"。可是，我们也不能不知，在竞智多端的人世间，人们已逐渐失去了敦厚的心胸，"佛口蛇心"的人比比皆是，是否还有"赤子之心"，只有问自己的"心"了。

　　心是一个象形字。人与人交往，贵乎心心相印、推心置腹去真诚交往，所谓："二人同心，其利断金。"只要同心同德，办任何事都是极易成功的。在纷冗的社会中，中国人对世俗采取了"水流心不竞，云在意俱迟"的淡泊心性，也一再用"一片冰心在玉壶"来显示自己不逐名利的清雅情操。"只愿君心似我心，定不负相思意"说明彼此成为生命中的伴侣，绝非偶然。而最是不令人陌生的，就是"安心""良心"与"问心无愧"了，"平生不做亏心事，夜半敲门心不惊"，人性弱点，一望便知。当然，"学问之道无他，求其放心而已！"研究学问的诀窍，便在这句话当中，不须外求。

镜泉流作万重滩

——说泉

"千古长如白练飞,一条界破青山色",喜爱山水的人都知道,山里头最使人感到清凉的就是山泉,不论在视觉上、听觉上,就连内心之中,也是能够感觉出它是澡雪一个人的营营世念的。

因为,泉是流动的,有着气韵生动的机趣,而就稳重的山来说,泉就是整幅画面内一道突出的线条。潺潺的水声,划破了山中的寂静,这好比气势与浪漫相结合,共同呈现一个充满动感和活力的世界。如果,任何地方都必须是整体与细节相配,那么和天地相比,山是细节,而与线条粗犷的山相搭配,就当是曲折的泉了。

明·吴伟《看泉赋诗》

镜泉流作万重滩

泉有热的,那就是温泉。当水从地下冒出,迂回潺湲地流在山沟里面,飘忽在水上林间的水蒸气,朦朦胧胧,泛出白茫茫的云光水雾,在洒下的阳光中,弥漫一种泼墨山水的空灵,这是泉在视觉上给人们带来的感受。

而泉流动的声音也能表现自然界的旋律感。"明月松间照,清泉石上流",就这首王维的《山居秋暝》言,"明月松间照"是一种静态孤寂的意境,月由这棵树转移到另一棵树,然后月光由松叶之间筛下来,一派柔和光明;而顺着山沟倾泻下的清泉,也有悠悠不尽的潺潺之声。于是,在一片自然风景的观照里,摆在我们面前的不再是宁静而已,一旁的水声,会是一首交响乐。如果,我们将自然美景划分为动、静两种,那泉水无疑是静中之动,尤其,当水汇集多了,就会形成波澜壮观的瀑布,诗人李白就以"飞流直下三千尺,疑是银河落九天"的句子来形容庐山瀑布,而任何一种山水,就如同柳宗元所说的:"夫美,不自美,因人而彰。"如果兰亭不遇王羲之,赤壁不遇到东坡,而永州的山水若无柳宗元的话,它们就不会留传后世,同样,庐山的瀑布若是未遇到李白,也不可能以它的特殊风采,在文学中存下历史定位。

泉往往也唤起了人的共鸣。"喷壑数十里,隐若白虹起",看见万丈飞泉喧腾奔泻于悬崖峭壁之间,一个人或许会感到自

南宋·马和之 《古木流泉》

然的伟大、神秘、不可思议与可敬可亲,而由之心驰神往。陶渊明就在他《归去来辞》里,用见景生情的态度,将"木欣欣以向荣,泉涓涓而始流"的现象涌现出来,一发"羡万物之得时,感吾生之行休"的慨叹!毕竟,青山不老,绿水长存,山才会永远给予人类无限的启示,而人终竟汲汲营营,无可逃避的牢笼在世俗的纠结里。虽然,朝朝暮暮山常变,然自然本体长存;但暮暮朝朝人不同,人却只是天地的过客而已!

"在山泉似镜,流作万重滩",山中的泉水是清澈的,而流

镜泉流作万重滩

出山之后，泉水就会逐渐浑浊，这好比人们踏入一个现实的社会，就渐次失去他的真情。可是，泉却不能永远藏在山里不流出去，只出世而不入世！虽然，在山里看不见外面世界的污秽，可以像镜子般的清澈，我们也能独善其身，然而，我们怎能坐视众生沉沦苦海，不予援救？一个知识分子，当面对昏晦政治与动乱时局的冲击时，怎还能只对时事关心入耳，停留在臧否人物的程度上，而不油然兴起"不在山为泉，当成万重滩"的志向呢？

泉是一个合体象形字，象征从石中冒出的水。这种水是活水，所以懂得品茗的行家"水必取自佳泉，茶必取上品"，冲泡出一壶壶的好茶；而酿酒品质的高低，也是与泉水有相当密切关系的。由于泉不会因天旱干涸，故有"源泉滚滚"的说法，在荒旱时候，它依然由千山万壑之间流向人世，以无私的心，给所到之处的万物带来生机，也启示着若要经世致用，不当只是象牙塔中的雕像，而是一个投入人群的实践者。

泉是蕴藏无限的，东坡尝云其文一如万斛泉源，不择地而出，即示创作永不枯竭，且能继续不断地涌现。"文思泉涌"虽与才情有关，然而善自培养思路，也未尝不是途径。因为，毕竟所有的题材皆是出自人间，只要深入问题和人生，就会接续着产生新观念与体悟，一如源头活水般的永不枯竭。

绮窗寒梅著花未

——说窗

"门近寒溪窗近山，枕山流水日潺潺"，窗子在中国人的建筑哲学里，是项非常重要的搭配，中国人造房子，早就注意到门窗彼此配合的意义。刘熙《释名》给了窗一个巧妙的诠释："窗，聪也。于内窥外为聪明也。"于是，人即使不出门，也能知道、甚而让情感遥接于窗外的世界。这是窗子的功用。

因此，当人在房中郁闷无法宣泄的时候，可以临窗眺望外面的世界，也能由吹进的凉风，宽慰紧绷的心灵，从而追寻新境界。而由房之必有窗，同样的，人也是必有窗子，在人身上，眼就是我们的窗子——所谓的"灵魂之窗"。房屋缺窗是一片黑暗，人若无清澈的灵魂之窗，心灵自然也无法接引光明。于是在漆黑中，人的行事容易发生偏差，无法对事况保持距离；而光明的灵魂之窗，则能对外界光彩纷呈的现象，层层剥开，细细深入，有一番明朗的认知，这是人身上有形的窗子。

然则，仅是有形的一扇窗是不够的，许多事往往并非以眼去看而是必须透过心灵的吸收、筛捡，能够推开心中的一扇窗，就会引起心深之处的感动，便不致和外界隔绝疏离，也不会造成晦涩与支离破碎。于是，外界的光亮穿透了心灵曲径。那沉坠心底之处纵有万般阴霾，也将随着照入的光明烟消云散，不再闭塞。

文学中的窗则不然，它往往是一个人家居静坐、魂梦思念，或是不期然回忆起某段往事的媒介："五六月中，北窗下卧，遇凉风暂至，自谓是羲皇上人。"这幅乡居之图，是在五六月夏天气候炎热的时候，搬张凉椅躺在窗下，窗子大开，凉风吹拂，令人心醉神驰。一个懂得生活的人，就是懂得随顺自然，兴之所之，不待刻意便能摆脱负担，而飞跃于哲思之上。这种意境，可出现在任何一种状况之中，于是，明清之际的吴梅村，便有"闲窗听雨摊诗卷，独树看云上啸台"的句子，而"闲坐小窗读周易，每倚南斗望京华"的集句，更能传达人生超然解脱和执著现实的心路转折，余韵不绝。

其实，会选择如何一种文句来表达自己，都是有脉络可寻

绮窗寒梅著花未

水远山长

的，黄景仁会有"破窗蕉雨夜还惊，纸帐风来自有声。墨到乡书偏黯淡，灯于客思最分明"的黯淡心境，是因为他虽身处上层知识分子圈中，却因一生厄于贫病，家境困难，因此缺乏乾坤一掷的器度；辛弃疾独宿博山王氏庵，以"屋上松风吹急雨，破纸窗间自语"描述眼前之景，则是因为他感伤时事，极端郁积无寄无托；而昆曲《牡丹亭·学堂》中的塾师陈最良诵出"吟余改抹前春句，饭后寻思午晌茶。蚁上案头沿砚水，蜂穿窗前咂瓶花"，最是看出一个穷酸文人为寻衣觅食，以礼教规范作为谋生工具的世态。

窗子的样子也多。《汉武故事》曾记载当时所谓的"琉璃窗""珊瑚窗"以及云母做成的窗子；隋文帝时代曾经在宫殿里制造所谓的"潇洒绿绮窗"，金花装饰，一窗即价值千金；他的儿子炀帝则更奢侈，以金玉来雕刻制作，金碧辉煌，谓之"闪电窗"。其余更有凤眼窗、日月窗等等名称，可说得上是千奇百怪了。

而中国人对窗也是寓以深意的，李商隐的"西窗剪烛"表现的是一种相互默许，与一股期待的执著；陶渊明的《归去来辞》说"倚南窗以寄傲"，便透露诗人旷达不羁的风骨志气；而那首最为人传诵的"君自故乡来，应知故乡事。来日绮窗前，寒梅著花未"的王维作品，更看出了诗人追问家乡的那种关切想念。

> 十年生死两茫茫，不思量，自难忘。千里孤坟，无处话凄凉。纵使相逢应不识，尘满面，鬓如霜。夜来幽梦忽还乡。小轩窗，正梳妆。相顾无言，惟有泪千行。料得年年肠断处，明月夜，短松冈。

东坡《江城子》将悼念亡妻的感受，写得如此哀婉动人，当时小窗梳妆的情景宛然在目，可是也深深地表现出那种难言的隐衷与痛苦，一扇小窗，对他的人生意义却是深刻的！

窗是一个形声字。"十载寒窗无人问，一举成名天下知。"追求理想，寒窗苦读的过程不能避免，但却不能视其为成功的定律。此外，我们也应格外珍视同窗之谊，能偶然相遇，也就是一份缘，《同窗记》当中梁山伯与祝英台的相誓相殉，给我们的启示就是冲破人世的羁绊，寻求一个践约的原则，而民间故事教忠孝、重情义的精神，在这一教化的层面上言，的确是能升华道德与情操的。

器宇轩昂在须眉

——说须

"古人称男子为须眉。吾尝问友人：须为男子所独，而眉则妇女皆有之，何以丈夫曰须眉耶？佥不能对。按《释名》云：'黛，代也。灭眉毛去之，以此画代其处也。'然后知古妇人皆灭去眉毛，故需画眉，则虽有如无，而丈夫可专其称矣。"（清·徐时栋《烟屿楼笔记》）

古代人以为男子之美，在于须眉之间。《史记·高祖本纪》描写到刘邦"为人隆准而龙颜、美须髯"。韩愈笔下的张巡，也是"长七尺余，须髯如神"（见《张中丞传后序》），近代于右老的长髯更是人人皆知。至于女人除了体态婉娈，则多半注意

北宋·武宗元《八十七神仙图卷》

她的头发：比如陈鸿《长恨歌传》及白居易的《长恨歌》，就描写杨贵妃"鬓发腻理""云鬓花颜"；就算是极少描写女性的诗圣杜工部，也都有"香雾云鬟湿，清辉玉臂寒"的丽词美句，可见古人鉴赏男女的眼光，各有不同。

须与发都属毛发一类。"毛"这个字，指广义（人和兽类）的毛发。如《说文》的"毛"字写作"屮"，就指人的眉发和一般兽毛。这些毛分成很多种："眉"是目上毛，"发"是头上毛，"而"与"须"是颐下之毛，"髯"是脸颊上的须，"髭"则是口上的须。

换句话说，而、须相同，与髯（髯）、（髭）虽同是胡须，却因生长位置不同而称呼互异，其中而（而）字，《说文》："须也、象形"，下面的"冂"像嘴下的须，是一个独体的象形文字。

至于须、髭、髯，则分属会意、形声。页为头，《说文》作𩑋，加上三撇，便成了𩑣（须），彡像毛，古人以三为多，因此须是嘴下的毛。𩒊（𩒀·髭）："口上须也，从须，此声。"口上的髭，通常还带有几分帅气，因此《释名》说："髭姿也，为姿容之美也。"而"髯"则专指长的胡须，传说中的关公便有一副美髯。这个字，《说文》的篆字作𩓥，冉（冄）本来就是毛冉冉，毛柔弱下垂的样子，京剧里的须生（老生）多半都有这样的胡子。称为"髯口"有黑、苍、白三种类，代表年龄上的差异，而神

南宋·李嵩 《听阮图》

水远山长

宋・《果老仙踪》

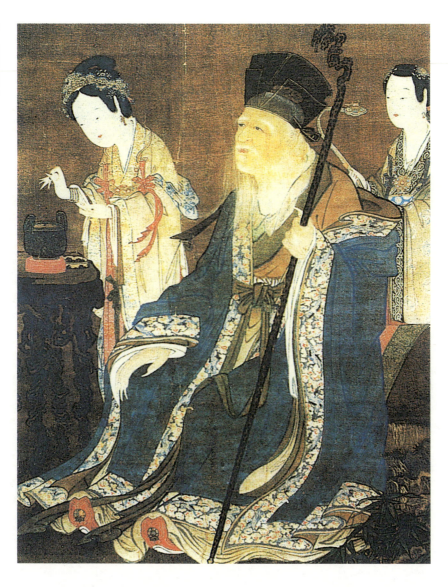

器宇轩昂在须眉

水远山长

明·商喜《关羽擒将图》(局部)

怪用红色,则愈能表现出戏剧效果。至于各式各样的髯口,因演员身份而异,例如关公有独用的"夫子髯",是五绺的;姜子牙、李密、郭子仪、霸王,其人福厚,则戴"满髯",是一大片胡须将口遮住;文雅角色,如伍员、邓禹、薛仁贵,则戴三缕髯,也就是俗称的"三绺长髯",而粗鲁莽夫,则戴"扎髯",比如张飞、焦赞就是这种胡子;丑角则戴"八字髯",或式如三绺髯但须却寥寥可数的"丑三髯"……真是五花八门。

最后,值得一提的,便是胡须二字早已成为俗称,一般人也不太去细分其中的差异。留胡子的人愈来愈少,而所谓的"胡"字,在《说文》肉部中的"胡"本来是指牛颐至颈下垂的肥肉,现在取其意而另造新字,竟与彡部逐渐不分,出现须、髭、髯等字,由此也可见文字孳乳,由简入繁,交相取则的现象了。

眼如秋水鬓如云

——说发

在中国文学中，有关头发的描写极多，信手拈来，不难发现光是一个"发"字，竟用了许多不同的词句扩展美化了原本的概念，甚至表达了文学中可意会不可言传的意趣、韵致和心绪。比如李白"白发三千丈"（《秋浦歌》）、孟浩然的"白发催年老"（《岁暮归南山》）、杜甫"白头搔更短"（《春望》），同样是以白发为喻，然而转化、投射出的诗境和风格却有所不同：一是极端地超越天地阈限的愁；一是时不我与的无奈；而最后一种是思家之切"白头零落不胜簪"的想念。或许，这是由于"发"和人生关系最密切的缘故吧！

眼如秋水鬓如云

因此，和你一生关系最亲密的伴侣，称之为"发妻"、幼年和你交往的挚友，称之为"总角之交"，这都与头发有关。戏曲《琵琶记》中的赵五娘"不幸丧双亲，求人不可频。聊将青鬓发、断送白头人"，只好把头发剪了去卖，是因为无钱埋葬公婆才出此下策，唱词《香罗带》："剪发伤情也，怨只怨结发薄幸人。"闻之令人心酸，所以她唱道："我当初早披剃入空门也，做个尼姑去，今日免艰辛。"昆曲《孽海记·思凡》中的小尼姑色空就是这种削发为尼的例子；然而《玉簪记·琴挑》中的陈妙常虽已出家，却是带发修行，因此潘必正称其"仙姑"；而妙常亦自称"小道"，这是在修行中有所区别之处。

春秋时代，楚国的忠臣伍奢为楚王所害，他的儿子伍子胥投奔于吴，路经陈国昭关，由于重兵把守，盘问亦严，一连七日无法通过，子胥心乱如麻，一夕间，竟使须发都急得发白了，结果，反而使他渡过难关，终于报了杀父之仇。这是有关白发的一则典故。

"人言头上发，总向愁中白。"其实，白发只是一种生理外在的现象，人似乎不应只在意自己外在生理的变化，而当随时保持愉快与不衰老的心情。唐人顾况"心事数茎白发，生涯一片青山"与放翁的"镜里容颜两鬓残，壮心自许尚如丹"读之皆使我们能有一股向上的意志，而重燃"老骥伏枥，志在千里"

眼如秋水鬓如云

水远山长

元·钱选 《招凉仕女画》

眼如秋水鬓如云

水远山长

的雄心！

　　发是一形声字，属于"髟"部。《说文》髟部说："长发猋猋也，从长彡。""彡"就是毛，凡是属这个部首的字，如：鬟、髦、鬈、鬓、髦、髦、鬃诸字，皆与头发有关，且均为形声字。"鬓"是生于面部两边的发，也称为"颊发"；"髦"是发长之貌；"鬈"是发好貌；"髦"是发多，而在这里值得一提的，便是发、髻、鬟、鬓这四个字经常为后世文学作品采用，如：华发、白发、黄发、鬟发、散发、霜鬓、云髻、风鬟雾鬓……甚至对发加上了情感，例如：愁鬟（卢纶《晚次鄂州》），清愁如发（辛弃疾《满江红》），一般而言，髻、鬟是女性所有的发式，属于独用，也有人改用"云"字来形容，如乌云、香云、髻云、鬓绾云、乱如云、坠钗云……昆曲《游园》之中，还有"迤逗的彩云偏"，简直是把头发之美形容得淋漓尽致了。

　　当然，随着时代的进步，传统中饶富韵致的各种发式已极不易得见，但在古典的吟诗咏词之间，透过艺术眼光的陶冶，我们仍能由字识道，由道生慧，湛然领悟，雀跃三千！

宜春髻子怡凭阑

——说髻

炷尽沉烟，抛残绣线……笛声渐歇。昆曲《牡丹亭》里天真的丫鬟春香伴着杜丽娘说道："小姐，你侧着宜春髻子恰凭阑。"《荆楚岁时记》叙述这"宜春髻子"的由来，说是相传立春那天，妇女剪彩做燕子状戴于髻上，上贴"宜春"二字。而这里的丫头春香，在戏曲舞台表演中，即梳有"丫头髻"。

古代女子的装饰，多在发上。《妆台记》："周文王于髻上加珠翠翘花，傅之铅粉，其髻高，名曰'凤髻'，又曰'云髻'，步步而摇，故曰步摇。"《太平御览》也记载："中天竺国人，皆为螺髻于顶，余发翦之使拳（卷）。"张籍的《昆仑儿》

诗形容这种发型:"金环欲落曾穿耳,螺髻长卷不裹头。"顾名思义,螺髻是将发梳起盘成螺壳之状。其实,古代发妆式样极多,譬如堆鸦、堕马、流云、依霞、含露、倭堕、凤(云)髻、雨髻、双髻、螺髻,不下数百种。写真时除眼睛外,以头发最难,一个画家至少要学习如何梳髻之后,才能墨分五色,将髻的含蓄美准确而恰到好处地揣摩出来。据闻,擅长画仕女的张大千先生因此还会梳八十多种的发髻呢!

"髻"是个后起字。《说文》中本以"结"来替代,从系吉声;《说文新附》云:"髻,总发也,从髟吉声。"两个字事实上

水远山长

完全相同，由发而髻，从一种线条之美凝聚为另一种对称、脱俗的形式之美与秀骨清相、飘动衣褶相互辉映，不能不说是中华文化中多彩多姿的一种表现了。

但髻亦分男女，如骊山发掘出来的秦代守陵卫队俑，头发都挽成发髻，束于头部右上方；《史记·货殖列传》"魋结之民"，是属于椎状的发髻，乃男人梳髻之证。而小孩自幼束发，故有"总角"之称。至于男二十弱冠，冠旁插簪、定冠于髻；女十五而笄，或以丝带、五色绢（头巾）来束髻，更是服仪定式。不梳髻的只有那些头发鬘鬖的蛮荒人士，比如阎立本《职贡图卷》、李公麟《万国职贡图卷》、赵孟頫《贡獒图卷》中所绘的使臣，都是不梳髻的。甚至还"父子男女相对踞蹲，以髡头（剔发）为轻便。妇人至嫁时乃养发，分为髻"（《后汉书·乌桓传》）。

男子的髻，通常还有一面纱巾包扎，古乐府《陌上桑》里的"少年见罗敷，脱帽著帩头"，就是指这头巾。另外也有作帕巾、络头、幪头等名称，女子通常不戴，但是睡觉时，为了使头发不散乱，却有一种"卧髻"（《说文》作鬟），把发盘起来，以便第二天起身后梳理，否则，若有"隔江犹唱后庭花"中陈朝美女张丽华那样的七尺长发，理起来可够瞧的了！

附录

活着难免有伤口

人生世上，要勇敢地活下去，而且要像牲口一般地活下去。猫狗牛马身上有了伤口，都是自己用舌头舔干净的。同样道理，假如我们心灵有了伤口，自己就要舔舐、自己抚平，这些均是无人可帮得上忙的。

已故哲学大师唐君毅教授曾在《病里乾坤》一书中说到一事，很能说明上述观念。谓其住院疗病时，邻室有一可爱小女孩，其一目于多年前以癌症割除，今再来医院，乃因另一目亦罹患癌症必须加以割除，此女孩至敏慧，其母亦极贤淑，母女相依，其情至亲，母亲安慰女儿："汝目终有复明之日。"女儿

却说:"我已知两目皆去,不再见此世界矣。"面对此事,唐先生说:"吾虽一一对其痛苦,有一同情共感、而一一对之生恻隐不忍之悲心,然此悲心之无助于拔其苦而济其生之事,则固不待言而可知者也。"这道理明确告诉我们:自己的痛苦在自己身上,他人绝无替代你受苦之理!因此,一个无法奋发、心力软弱之人,才会妄想侥幸奇迹出现。殊不知应抛开幻想、投入现实,以实事求是的坚忍不移去强渡关山,面对纷至沓来的无情打击!自助方得人助。

自己心中难过有了委屈,自己设法,在事情尚未改观之时,要像牲口一般活着。

为人父母者,为儿为女,张罗生计枕上忧,为了维持起码的生活,要像牲口一般活着。

白手起家者,必须胼手胝足,在整个创业的历程中忍辛受苦,岂不更要像牲口一般活着!

其实,上起达官贵人,下至贩夫走卒,莫看这社会生活富裕,事实上每个人都像牲口一般活着,并非是将人比作牲畜,而是许多情况下,只有自己舔自己的伤口,自己抚平自己的心灵,因为,你自己的事只有自己最清楚,别人也帮不上忙!

至于维护一个国家版图的完整、民族尊严,又何尝不需如此?与其长篇大论臧否揣摩,不如国人反躬自省,低头信受"图开创必先植国力"的道理。

只有这么一个想法:在舔自己伤口的时候一定要建立突破困境的信心,因为任何困难击垮不了一个有信心打胜仗的人。忧时之士,请由此器度始!

忍激向前

　　不平凡要由平平凡凡中脱颖，而活得有尊严则须从没有尊严的环境里逐渐蜕变。

　　自古，很多成功的英雄豪杰与开创者，一开始都曾困在一个没有尊严的恶劣环境里。但是，他们却有一个相同点，就是随时坚信真理，不为毁誉动摇，还在艰困中歼灭挫折，发挥自己无穷无尽的影响力！

　　换句话说：一个人若是不决心受苦，他就不能成功。

　　毕生致力于印度主权独立自由运动的圣雄甘地（Mohandas Karanchand Gandi）生前有一段话说道：

不经过苦火磨炼的净化，没有一个国家能够兴起。母亲受苦，婴孩乃能有生命，种子消失，乃能长出麦芽。

所以，要走出自己生命中的晦暗，不经过一段卑微无尊严的艰苦阶段、一段漫长的潜伏期，又怎能够崛起，并放出耀眼的光芒呢？

只是，道理人人皆懂，却没有几个人做到，人依旧软弱无奈地陷在与别人争名夺利的旋涡中，不能超拔，轻言骤发，逞一时口舌之快，勾心斗角，处处暴露自己心态的不平衡，从未想到如此是不积阴德，是罪过。更未觉察自己因为欠缺伟大的憧憬怀抱，已注定成不了大器！

原因在哪呢？最大的关键，还是由于耐不住"苦闷"。明代吕坤的《呻吟语》说得透："'忍激'二字是祸福关！"这话道尽万千豪杰才华横溢却又功亏一篑的失败主因，就是不能"忍激"、不甘寂寞，所以在他们陷入生命低潮之后，就再无法卷土重来！

从历史的演进来看，会崛起的健将就会崛起，再大的打击，他也坚定如苍劲老松。所谓"丈夫为志，穷当益坚，老当益壮"，这种英雄健将，器识广、胸襟大，能够上下与天地同流，左右与世俗共处，他们把人生的追求理想、创造成就，视之如

登山之登峰造顶；辞官退隐，犹如下山返家休息。不因物喜，不以己悲，并不会因为小小成就，得之骤喜而失之遽忧，他们时时刻刻无不在忍激熬受自身的苦闷，但全副心力，却放在无数推动的事功计划上，盼望一清乾坤宇宙，渴望造福人类。

　　为人生智慧开发一片天地的庄子在其书《秋水篇》里有一段话最能够形容这种英雄健将并发人深省。说到至德之人，火弗能热，水弗能溺，寒暑弗能害，禽兽弗能贼，能够抵挡得住任何纷至沓来的伤害而平静，最主要是由于他们皆能："察乎安危，宁于祸福，谨于去就，莫之能害也。"这真是个历久弥新的人生智慧，也是健将可以卷土重来、东山再起的秘诀。如果你认定自己该是个人才，是个健将，应置身于大风大浪中来体悟这番道理，你的人生，将会突破困境，走出晦暗，并迈向成功之路。

批评

我们一生中都会遇到批评,而且有些是不负责任的背后批评。不实的传闻曾煎熬得我们莫名沮丧,甚而遑遑不知所措于捕风捉影的迷惘之中。

乍听到自己蒙受莫须有的罪名,着实令人错愕,第一个反应就是为自己洗刷冤枉,可是无论如何解释,给外界的印象经常是愈描愈黑。其实,此时此刻唯一的急务当是保持平和的心境,所谓"止谤之法,在于无辩",我们着实不必对空穴来风的批评,浪费生命——给予回应,而要更坚定于自己所追求的理想与执著。

无疑的，社会喧噪阴恶的一面，往往赐人一种彻骨的刺痛；乱发议论的风气，也不知伤害了多少能士的心灵，曾国藩所云："今日天下之变，只为混淆是非、麻木不仁，遂使志士贤人，抚膺短气。"自是有感而发。一般人只对批评某人喧腾鼓噪，却漠然于当事人心中的感受，于是"批评"遂成为社会堕落退化的一项因素，是一股表面上貌似清流，却内中深藏锋利的邪恶势力，也成为人群社会中一种牵制、隔绝人性之善，最卑劣阴暗的小人行径！

所以，即使是个德高望重的人也免不了被"批评"的命运，各种不利于他的传闻，可以在一夕间形成，然后像幽灵般地在最关键的时刻出现，总之，一个人只要稍具才华，就免不了遭受批评的困扰。

从这个角度来看，"批评"本来就是一种炎凉的"世态"，许多批评的出现，也正应验古人"事修而谤兴，德高而毁来"的定理。然而，"批评"的出现，事实上也呈露出我们尚有不足，如若闻过则改，不顾忌自己的缺点，并在坚持理念的前进过程中扬弃瑕疵；在努力中以严肃心情鞭策自己，那么，生命将逐渐接近完美，不断显示卓越的智慧能表现在生命的抉择之处，一如元人散曲"肝肠百炼炉间铁"，以及庄子：虽外触一切纷然殽乱却宁此心以沉静安定，那种撄之而后宁的"撄宁"心境。

　　批评，并不是个可怖的东西。批评之来，除指示我们仍需沉潜充实；它也一如风信标般地呈现未来事件发展所应注意的人事与环境。遇到了不顺心的"批评"时，千万别在批评鼓噪中迷失了自我，因为，层层山石与障碍虽阻挡了激流的前进，但也造就了这股山泉，让它展示另一种特殊的活力。

势与福

人是必须时刻怀抱一颗回馈之心的。因为，回馈是一种善性，也是一种美德。

与回馈相对的却是掠夺。掠夺就好比元人散曲的形容："夺泥燕口，削铁针头，刮金佛面细搜求""鹭鸶腿上剔精肉，蚊子腹内刳脂油"，令人厌恶与鄙弃！

回馈的态度可使事情的发展细水长流，循环相生，让一个团体洋溢和气，家族呈现兴旺，个人则可福寿绵长。而掠夺不知节度，过度放纵，造成的暴戾损害，元气罄竭，得势者凌人，失势者被侮，只令人觉得残破凋敝，与人性的卑劣极端，冤冤相报!所以说,回馈代表人性的光明,而掠夺则是心向的迷失与人性的黑暗。

懂得回馈的人都是有远见而且具有智慧的,知道人生以服务为目的,不以夺取为目的,人与人之间要相依相持,同舟共济,乃能和气致祥,所以必待人以分寸,懂得先尊重别人,为人设想,对人则永远抱持鼓励与祝福的一分挚诚,而自己则因心存善念,便有犹如庄子那种"注焉而不满,酌焉而不竭"的"葆光"灵性。

掠夺者则不然,他不安于分,短视近利。由于看不到人事中的相互扶持,乃自视甚高,以得势之态欺凌污辱他人,仗势欺人,否定别人既有的成就,动辄以侵犯压迫,杀鸡取卵为不疲之手段。争功诿过,对人除了批评便是讥嘲,殊不知"水能载舟,亦能覆舟",自己却逐渐迈向覆亡。而造成这种不可收拾的局面,皆当归咎于他性格中的劣根性,与庄子所谓"其智适足以知人之过,而不知其所以过"的自恋自大!

所以,一个凡事努力回馈的人,仿佛种了善因善果,福慧的资粮终将降临,古人所谓"积善之家有余庆"便是这个道理,他明了身居高位也仅是暂时为之,会广结善缘,即使退位也令曾经受惠的众生长留去思,深深感念遗泽与贡献。而曾以掠夺之姿仗势欺人者,于其退位之日,一切的权势、荣耀,转眼消

失,就算仍拥有高位厚禄,却无比的孤独寂寞,"老来原知万事空",纵无冤雠相报,也是没有一个知心的朋友了!

"石火光中争长竞短,几何光阴;蜗牛角上较雌论雄,许大世界!"其实人间的"势"与"福"都是很不可靠的东西,福兮祸倚,人尽皆知,而"势"之存在,又岂不是同样的情形么?只是,许多人一旦得势,便仗"势"欺人,却为自己留下憾恨终生的祸害,不知上台终有下台日,唯有细水长流的回馈,方是为自己预留退路的最好方法!

就如梁寒操先生《自警诗》所云:

狂风不终日,骤雨不终朝,天地尚如此,何况于人乎?有福莫享尽,享尽见贫穷,有势莫使尽,使尽冤相逢。福宜常自惜,势宜常自恭,人间势与福,有始多无终!

人间无常,又有什么是经久不变的呢?掠夺与盛气凌人终非为人处事的常道,而"势"与"福"之不可恃,也在在提示我们凡事回馈奉献,"但存方寸地,留与子孙耕",才是散发人性光辉,历久弥新的抉择心念。

气味相投

大凡古今豪杰与开创者,同拥有七分才气,惟另三分气不同耳:或霸、或豪、或雄、或侠、或义、或奸、或恶,由是造就不同的气象。唐人杜光庭所撰《虬髯客传》对唐太宗李世民的描写:"精采惊人,长揖而坐。神气清朗,满坐风生,顾盼炜如。"其勃勃气势致使虬髯与道士见之惨然,道出"此局全输矣"的感慨。因此二人既出,道士谓虬髯曰:"此世界非公世界。他方可也,勉之!"要其另谋出路,否则就是不自量力,徒费心机。

文人身上也有不同的气:或清、或傲、或狂、或狷、或义、

水远山长

或豪、或酸腐、或褊狭迂阔。清如陶渊明,狂如李白,豪如苏东坡,义如文天祥、方孝孺,至如酸腐迂阔,《儒林外史》中的范进、《牡丹亭》中的陈最良可当之无愧。

于是气味相投之下,政治人物有属于自己的政治圈子与之配合而求得政治目的;文人则常因格调心性的相近,促成彼此心灵上的相知相契。至于酸、腐、迂阔者总也经常聚在一起,臧否人物以抒自己怀才不遇之情,对他人成就总是无法释怀……当然,他们更未尝体悟"古今多少事,尽付笑谈中"的人生哲理。

一般人对于相知相遇的事情,总把"感觉"摆在第一位,有了"感觉",就认为自己与他有"缘分",所谓"有缘千里来相会,无缘对面不相识"。如果后来分手了,就用一句像雾又像诗的话——"缘尽"或"缘尽情未了"来收拾结局。

其实,"缘分"除了冥冥中不可知的原因之外,还是一个"气味相投"的问题,换句话说,两个人有这份"机缘"而得以相遇,剩下的就完全看心性相不相投,能否继续相处。就像每天我们会遇见许多陌生的人,这全是机缘,但我们并未与他交往是一样的道理。

所以有些好朋友交往一阵子之后分手,是因为交往之初,彼此的气味心性相近,或又因二人同有交往的特殊原因——热情与理想才结合,交往日久,却逐渐产生断层,终致因个性不同

苏东坡

水远山长

而离异,并不完全是人格缺陷的原因。

相见即是有缘,人之相遇,最初有可能是因为"气味相投"的直感,但历久弥新的情谊,仍赖乎生命过往之中许多因素逐渐培养,古人所谓的"路遥知马力,日久见人心""患难见知交""一死一生,乃知交情;一贫一富,乃知交态,一贵一贱,交情乃见",都是意义深刻、发人深省的生命智慧。

至于分手,这本是人生当中很无奈也很自然的现象,不必为赋新词强说愁地刻意描述,更不必魂不守舍的作茧自缚。"咬定青山不放松,立根原在石岩中。千磨万击还坚劲,任尔东南西北风。"唯有坚忍性情一如老松,如此的人生才能显豁、才得以开展。

有时候,分手原不是因为对方人格的缺陷,只是因为彼此心性相不相投。脍炙人口的乐毅《报燕惠王书》说得好:"君子交绝,不出恶声。"不在分手之后诋毁对方,这是分手双方都该建立的风度雅量。

自然,在茫茫人海中若能觅得气味相投、灵犀相通的知己,启发对方的智慧,丰厚彼此的生命内涵,由之携手并进而追求理想,更是可贵不过了!

人生数秒

以"秒"来演算人生,一天有八万六千四百秒,若以活到七十岁计,共有二万五千五百多天,二十二亿零七百五十二万秒。这个数字,你觉得是多是少呢?

三十五岁的人按照上述比例,属于生命中的秒数就仅有十一亿左右。可惜的这十一亿秒尚非完全为自己所用,因为,其中三分之一是必要的睡眠时间,另有许多时间花在等待、鬼混、应酬、彷徨等无意义的事情上,更何况有人因某种缘故根本活不到七十,自然剩下的秒数就更少。

逝者如斯,不舍昼夜,我们终究是留不住时间的!面对这种

附录 人生数秒

庄子

情况,古今有不同的反应,有人感伤日月缅驰、有人秉烛夜游、有人抽刀断水。于是连孔老夫子都感叹时间不够,一发"假我数年,五十以学易,可以无大过矣"的感喟!所谓"天地有万古,此身不再得;人生只百年,此日最易过",人生最高寿,也不过百年上下,而这百年岁月却是最容易浑浑噩噩度过的,在倏忽万端里波折起伏,甚至一再执拗于谬理与堕入世俗情态。有时,追求自己都不明了的东西;有时,红尘中的落英缤纷使自己的情感与理智无法适当的取舍,甚至小小的爱恨也使自己载浮载沉……又有几个年轻人肯在少壮时为自己的生命扎根且一扫虚浮不实的清谈与空想?

也因此,人生的数秒使我们想到儒家"日月逝矣,岁不我与!"是一种亟欲把握时机、从政淑世的知识分子抱负与理想:

"吾十有五而志于学；三十而立；四十而不惑；五十而知天命；六十而耳顺；七十而从心所欲，不踰矩。"更是以积极冲刺、一疵不存的念兹在兹，在进德修业上的勉力而行，故而用"学而时习之"与"吾日三省吾身"的修为，不断深植学术的根基与开展身心的生命活力。

于是，《庄子》寓言借着庄子与惠子的对话，说到孔子行年六十而六十化，"始时所是，卒而非之"。正是对圣哲孔子行年六十，在六十年中不断改变自己、日新月异于德行境界的一番肯定，至于道家的生命智慧也在此透露出一种"处乎不淫之度"善用生命的达性之情，皆可作为生命必须把短暂光阴发挥最大效益的最佳注脚！

站在年龄的分水岭上省思这些，我们真正惊觉到自己实在不懂珍视生命的本源，甚至还在白白挥霍已经不多的"数秒人生"，盲目地与肤浅的世俗竞赛，而古圣先哲留下的规模典范，愈使得我们在迁流瞬变的倒数计时里万分欣羡与企慕不已。

明朝理学家吕坤在《呻吟语》里说得透彻。他说："四十以前养得定，则老而愈坚；养不定，则老而愈坏！"以"秒"来倒数人生的我们，每天有八万六千四百秒不知不觉地消逝，而人过中年，面对仅余的一万二千多个日子时，您是否对自己所剩微几的下半辈子，油然兴起一种珍惜与善用的想法？

小材大用

人要成功,一半靠聪明才干,一半靠因缘际遇。

聪明才干操之于己,所谓诚意正心格物致知之学,前贤早有精论;因缘际遇则操之于人,所以便会出现类似《庄子·山木篇》的感叹:"士有道德而不能行,惫也!"

也因此,历史上总有两个现象:一是"大材小用"、一是"小材大用"。举凡人群社会或政治集团,固守原则以呈忠心节烈、苦心孤诣者,多为"大材小用";然则奸邪钻营、敷衍塞责、甘为鹰犬者,乃是"小材大用"之流也。所以读过历史的人总有一个深沉的叹息;"大材小用"充其量是一个优秀人才一辈子的落落寡欢、罢官退隐,以及诸多部属对其不尽的怀念;然而"小材大用"的沐猴而冠、无法信服于下,则可能掀起一连串的是非不明、混淆视听。若加上"小材"胸襟褊狭,容不

了他人的才华洋溢与声望,在不断处心积虑地寻求个人"平衡"的胡为乱行之余,受害的将是整个团体的元气大伤,由之隳败不振。

  只是,世人多半是凭着直觉判断,以貌取人,对于左右逢源、行事圆滑者便认定是处事能力强者、人缘好者,却从不考量其是否内外相符?也因此"小材"在得道之后,便用一套受欢迎的词语,处处占尽便宜。反观"大材"由于倍受冷落,但自己又一直坚持品味与风范,加上一副刚烈心曲,所以无法降低水准与世浮沉,终致被不明就里的流俗一再误解、打击,有人因此壮志沉埋憾恨而终,仅剩下极少数还能艰苦卓绝者,与恶势力周旋,以俟拨云见月,是非澄清,但又大多潦倒当世,身后乃得公论。

  所以古来圣贤都是很寂寞的,"大材"被压抑,也是人间世态。只能说,人间本来就有一批人"相率为伪",由于正直才高

之人碍其为伪,故成为众矢之的。孟子说得好:"天下有道,小德役大德,小贤役大贤;天下无道,小役大,弱役强,斯二者也,天也。"当天下是非不清、正直与邪恶对立,正直往往处于弱势而孤立无援,然天地定数,又岂能因之而稍有更异哉!

故古人有语云:"是非审之于己,毁誉听之于人,得失安之于数。"又云:"沧海横流,文人丧行,寂寞投阁者流,恶直丑正。于狷洁自好之士,转多所诋祺,然清浊邪正之间,后世自有公论。"(王季烈《滂喜斋藏书记序》)不能不说是有所感慨而发,毕竟斯时斯刻,处世最难!而人群社会"小材大用"的现象又不能杜绝,由是或儒、或道、或禅、或佛,应之而生,目的都是对"瓦釜雷鸣、黄钟毁弃"的千古习题,找寻一个比较适合自我的归宿。

所以,不必对"小材大用"世态耿耿于怀,更不须悲恸不已!如果你是一个真正的知识分子,便要不屈不挠地表达出至高的生命、社会与政治理想,冷静坚忍,并且不畏怯地从中奋斗,踏出勇敢与坚定的步伐,以勃勃的生气渗透暗哑的心灵,则人群受其薰育为之觉醒,便可渐使"小材大用"之怪象不复再现于人间矣!

潜龙

　　海为龙世界，天是鹤家乡。如果，生命中本有千万不同的冲击，那么，唯一可迎接这些冲击的，该是向前探索的勇气、热情旺盛的雄心以及不向任何现实低头的一分傲骨吧！

　　宋朝的叶适曾在其《水心别集》里有段发人深省的文字，说的是："良金美玉，自有定价。岂曰惧天下之议，而使之无传哉？"换句话说，生命中最可贵的还是卓越的本质才品，加之上述的勇气、雄心、傲骨，就算眼前是龙困浅滩，一个真正的人才也会养器待时，期盼终有一日去找寻生命中的大海，呈现云龙风虎、瀹郁充沛的勃勃生气。因此，《易经》里所说"潜龙勿用"

的一段话,其实并非要我们做个卑怯的角色,而是要人沉潜,期待下一个"飞龙在天"的阶段,所谓"潜",不过是我们种了一个"因",然而这个因暂时缺少"缘"的相会,于是表面上事物虽灭,但内部的潜势仍存,正等待下一个适合拓展的机会,只要条件成熟,就能奋力东山再起,重新抖擞于舞台之上。

只是,太多的人因为一时的顿挫,便惧怕畏缩,甚至找出千万理由解释自己的行为,不愿坚持、不愿艰苦奋斗,更以为避世隐居是唯一抚平创伤的方式,怨叹、迷惘、疲惫、挣扎……最后,终于陷溺在这旋涡之中,无力自拔!

其实,一种失败,未尝不是经验,也并非一无所得!拥有真才本质的健将,会将经验化作智慧,更会心平气和感念生命对他的这场安

排，动心忍性，增益不能，以一种超越凡俗的力量，迅速恢复心中的疲惫，并因看透世间一切而悠然自得！

总之一句话：人的生命，总该拥有个永不后悔的选择，打一场心灵的硬仗，并做一个心平气和的宗师人物。在身处晦暗的人生阶段时，沉潜充实，也仍是一条能够活动、蓄势待发、充满活力的"潜龙"：敢跋涉前人没有尝试过的道路、敢攀援前人未曾攀援的高峰，也因为敢正视生命的安排，以旺盛的意志，力求自己在持续的努力中歼灭一切的困难。

海明威在《老人与海》一书中说得好："英雄可以被毁灭，但不能被击败！"就是这种不愿被环境击败的精神，使古往今来有太多的佼佼者，终究以忍苦受辛的心情，未尝使自己被埋没幽囚于黑暗之中，而后继之以放手一搏的勇气，完成叱咤风云的不朽功业。

所以，让我们再重温"海为龙世界，天是鹤家乡"这话的深意。古人云："江海萧条，大是群鸥之致！"任何事都有它另一层价值，如果你可体会江海的这层壮观之美，并决定让自己成为翱翔天际的龙与鹤，海天才是你真正的舞台，可供你器宇深稳地自由飞翔。至于所曾束缚你的那片千丈红尘，不过仅是生命历程中的"潜龙"阶段而已！

"幽雅阅读"丛书策划人语

因台湾大学王晓波教授而认识了台湾问津堂书局的老板方守仁先生,那是2003年初。听王晓波教授讲,方守仁先生每年都要资助刊物《海峡评论》,我对方先生顿生敬意。当方先生在大陆的合作伙伴姜先生提出问津堂想在大陆开辟出版事业,希望我能帮忙时,虽自知能力和水平有限,但我还是很爽快地答应了。我同姜先生谈了大陆图书市场过剩与需求同时并存的现状,根据问津堂出版图书的特点,建议他们在大陆做成长着的中产阶级、知识分子、文化人等图书市场。很快姜先生拿来一本问津堂在台湾出版的并已成为台湾大学生学习大学国文课的必读参考书——《有趣的中国字》(即"幽雅阅读"丛书中的《水远山长：汉字清幽的意境》)一书，他希望以此书作为问津堂出版社问津大陆图书市场的敲门砖。《有趣的中国字》是一本非常有品位的书，堪称精品之作。但是我认为一本书市场冲击力不够大，最好开发出系列产品。一来，线性产品易做成品牌；二来，产品互相影响，可尽可能地实现销售的最大化，如果策划和营销到位，不仅可以做成品牌，而且可以做成名牌。姜先生非常赞同，希望我来帮忙策划。这样在2003年初夏，我做好了"优雅阅读""典雅生活""闲雅休憩"三个系列图书的策划案。期间，有几家出版社都希望得到《有趣的中国字》一书的大陆的出版发行权，方先生最终把这本书交给了我。这时我已从市场部调到基础教育出版中心，2004年夏，我将并不属于我所在的编辑室选题方向的"幽雅阅读"丛书报了出版计划，室主任周雁翎对我网开一面，正是在他的大力支持下，这套书得以在北大出版社出版。

  感谢丛书的作者，在教学和科研任务非常繁重的情况下，成全我的策划。我很幸运，每当我的不同策划完成付诸实施时，总会有一批有理想、有追求、有境界，生命状态异常饱满的学者支持我，帮助我。也正是由于他们的辛勤工作，才使这套美丽的图文书按计划问世。

感谢吴志攀副校长在百忙之中为此套丛书作序并提议将"优雅"改为"幽雅"。吴校长在读完"幽雅阅读"丛书时近午夜,他给我打电话说:"我好久没有读过这样的书了,读完之后我的心是如此之静……"在那一刻我深深地感觉到了一位法学家的人文情怀。

我们平凡但可以崇高,我们世俗但可以高尚。做人要有一点境界、一点胸怀;做事要有一点理念、一点追求;生活要有一点品位、一点情调。宽容而不失原则,优雅而又谦和,过一种有韵味的生活。这是出版此套书的初衷。

杨书澜

2005 年 7 月 3 日